Φιλιππικός

Ολυνθιακός

Philippics and Olynthiacs

Δημοσθένης

Demosthenes

Philippics and Olynthiacs

Copyright © JiaHu Books 2014

First Published in Great Britain in 2014 by Jiahu Books – part of
Richardson-Prachai Solutions Ltd, 34 Egerton Gate, Milton
Keynes, MK5 7HH

ISBN: 978-1-78435-020-8

Visit us at: jiahubooks.co.uk

Φιλιππικός Α'

Εἰ μὲν περὶ καινοῦ τινος πράγματος προυτίθετ', ὦ ἄνδρες Ἀθηναῖοι, λέγειν, ἐπισχὼν ἂν ἕως οἱ πλεῖστοι τῶν εἰωθότων γνώμην ἀπεφήναντο, εἰ μὲν ἤρεσκέ τί μοι τῶν ὑπὸ τούτων ῥηθέντων, ἡσυχίαν ἂν ἦγον, εἰ δὲ μή, τότ' ἂν καὐτὸς ἐπειρώμην ἃ γιγνώσκω λέγειν· ἐπειδὴ δ' ὑπὲρ ὧν πολλάκις εἰρήκασιν οὗτοι πρότερον συμβαίνει καὶ νυνὶ σκοπεῖν, ἡγοῦμαι καὶ πρῶτος ἀναστὰς εἰκότως ἂν συγγνώμης τυγχάνειν. εἰ γὰρ ἐκ τοῦ παρεληλυθότος χρόνου τὰ δέονθ' οὗτοι συνεβούλευσαν, οὐδὲν ἂν ὑμᾶς νῦν ἔδει βουλεύεσθαι.

Πρῶτον μὲν οὖν οὐκ ἀθυμητέον, ὦ ἄνδρες Ἀθηναῖοι, τοῖς παροῦσι πράγμασιν, οὐδ' εἰ πάνυ φαύλως ἔχειν δοκεῖ. Ὃ γάρ ἐστι χείριστον αὐτῶν ἐκ τοῦ παρεληλυθότος χρόνου, τοῦτο πρὸς τὰ μέλλοντα βέλτιστον ὑπάρχει. Τί οὖν ἐστι τοῦτο; Ὅτι οὐδέν, ὦ ἄνδρες Ἀθηναῖοι, τῶν δεόντων ποιούντων ὑμῶν κακῶς τὰ πράγματ' ἔχει· ἐπεί τοι, εἰ πάνθ' ἃ προσῆκε πραττόντων οὕτως εἶχεν, οὐδ' ἂν ἐλπὶς ἦν αὐτὰ βελτίω γενέσθαι.

Ἔπειτ' ἐνθυμητέον καὶ παρ' ἄλλων ἀκούουσι καὶ τοῖς εἰδόσιν αὐτοῖς ἀναμιμνησκομένοις, ἡλίκην ποτ' ἐχόντων δύναμιν Λακεδαιμονίων, ἐξ οὗ χρόνος οὐ πολύς, ὡς καλῶς καὶ προσηκόντως οὐδὲν ἀνάξιον ὑμεῖς ἐπράξατε τῆς πόλεως, ἀλλ' ὑπεμείναθ' ὑπὲρ τῶν δικαίων τὸν πρὸς ἐκείνους πόλεμον. Τίνος οὖν εἵνεκα ταῦτα λέγω; Ἵν' εἰδῆτ', ὦ ἄνδρες Ἀθηναῖοι, καὶ θεάσησθε, ὅτι οὐδὲν οὔτε φυλαττομένοις ὑμῖν ἐστιν φοβερόν, οὔτ', ἂν ὀλιγωρῆτε,

5

τοιοῦτον οἷον ἂν ὑμεῖς βούλοισθε, παραδείγμασι χρώμενοι τῇ τότε ῥώμῃ τῶν Λακεδαιμονίων, ἧς ἐκρατεῖτ' ἐκ τοῦ προσέχειν τοῖς πράγμασι τὸν νοῦν, καὶ τῇ νῦν ὕβρει τούτου, δι' ἣν ταραττόμεθ' ἐκ τοῦ μηδὲν φροντίζειν ὧν ἐχρῆν.

Εἰ δέ τις ὑμῶν, ὦ ἄνδρες Ἀθηναῖοι, δυσπολέμητον οἴεται τὸν Φίλιππον εἶναι, σκοπῶν τό τε πλῆθος τῆς ὑπαρχούσης αὐτῷ δυνάμεως καὶ τὸ τὰ χωρία πάντ' ἀπολωλέναι τῇ πόλει, ὀρθῶς μὲν οἴεται, λογισάσθω μέντοι τοῦθ', ὅτι εἴχομέν ποθ' ἡμεῖς, ὦ ἄνδρες Ἀθηναῖοι, Πύδναν καὶ Ποτείδαιαν καὶ Μεθώνην καὶ πάντα τὸν τόπον τοῦτον οἰκεῖον κύκλῳ, καὶ πολλὰ τῶν μετ' ἐκείνου νῦν ὄντων ἐθνῶν αὐτονομούμενα κἀλεύθερ' ὑπῆρχε, καὶ μᾶλλον ἡμῖν ἐβούλετ' ἔχειν οἰκείως ἢ 'κείνῳ.

Εἰ τοίνυν ὁ Φίλιππος τότε ταύτην ἔσχε τὴν γνώμην, ὡς χαλεπὸν πολεμεῖν ἐστιν Ἀθηναίοις ἔχουσι τοσαῦτ' ἐπιτειχίσματα τῆς αὑτοῦ χώρας ἔρημον ὄντα συμμάχων, οὐδὲν ἂν ὧν νυνὶ πεποίηκεν ἔπραξεν οὐδὲ τοσαύτην ἐκτήσατο δύναμιν. Ἀλλ' εἶδεν, ὦ ἄνδρες Ἀθηναῖοι, τοῦτο καλῶς ἐκεῖνος, ὅτι ταῦτα μέν ἐστιν ἅπαντα τὰ χωρί' ἆθλα τοῦ πολέμου κείμεν' ἐν μέσῳ, φύσει δ' ὑπάρχει τοῖς παροῦσι τὰ τῶν ἀπόντων, καὶ τοῖς ἐθέλουσι πονεῖν καὶ κινδυνεύειν τὰ τῶν ἀμελούντων.

Καὶ γάρ τοι ταύτῃ χρησάμενος τῇ γνώμῃ πάντα κατέστραπται καὶ ἔχει, τὰ μὲν ὡς ἂν ἑλών τις ἔχοι πολέμῳ, τὰ δὲ σύμμαχα καὶ φίλα ποιησάμενος· καὶ γὰρ συμμαχεῖν καὶ προσέχειν τὸν νοῦν τούτοις ἐθέλουσιν ἅπαντες, οὓς ἂν ὁρῶσι παρεσκευασμένους καὶ πράττειν ἐθέλοντας ἃ χρή.

Ἂν τοίνυν, ὦ ἄνδρες Ἀθηναῖοι, καὶ ὑμεῖς ἐπὶ τῆς τοιαύτης ἐθελήσητε γενέσθαι γνώμης νῦν, ἐπειδήπερ οὐ πρότερον, καὶ ἕκαστος ὑμῶν, οὗ δεῖ καὶ δύναιτ' ἂν παρασχεῖν αὑτὸν χρήσιμον τῇ πόλει, πᾶσαν ἀφεὶς τὴν εἰρωνείαν ἕτοιμος πράττειν ὑπάρξῃ, ὁ μὲν χρήματ' ἔχων εἰσφέρειν, ὁ δ' ἐν ἡλικίᾳ στρατεύεσθαι, -- συνελόντι δ' ἁπλῶς ἂν ὑμῶν αὐτῶν ἐθελήσητε γενέσθαι, καὶ παύσησθ' αὐτὸς μὲν οὐδὲν ἕκαστος ποιήσειν ἐλπίζων, τὸν δὲ πλησίον πάνθ' ὑπὲρ αὐτοῦ πράξειν, καὶ τὰ ὑμέτερ' αὐτῶν κομιεῖσθε, ἂν θεὸς θέλῃ, καὶ τὰ κατερρᾳθυμημένα πάλιν ἀναλήψεσθε, κἀκεῖνον τιμωρήσεσθε.

Μὴ γὰρ ὡς θεῷ νομίζετ' ἐκείνῳ τὰ παρόντα πεπηγέναι πράγματ' ἀθάνατα, ἀλλὰ καὶ μισεῖ τις ἐκεῖνον καὶ δέδιεν, ὦ ἄνδρες Ἀθηναῖοι, καὶ φθονεῖ, καὶ τῶν πάνυ νῦν δοκούντων οἰκείως ἔχειν· καὶ ἅπανθ' ὅσα περ κἂν ἄλλοις τισὶν ἀνθρώποις ἔνι, ταῦτα κἂν τοῖς μετ' ἐκείνου χρὴ νομίζειν ἐνεῖναι. Κατέπτηχε μέντοι πάντα ταῦτα νῦν, οὐκ ἔχοντ' ἀποστροφὴν διὰ τὴν ὑμετέραν βραδυτῆτα καὶ ῥᾳθυμίαν· ἣν ἀποθέσθαι φημὶ δεῖν ἤδη.

Ὁρᾶτε γάρ, ὦ ἄνδρες Ἀθηναῖοι, τὸ πρᾶγμα, οἷ προελήλυθ' ἀσελγείας ἄνθρωπος, ὃς οὐδ' αἵρεσιν ὑμῖν δίδωσι τοῦ πράττειν ἢ ἄγειν ἡσυχίαν, ἀλλ' ἀπειλεῖ καὶ λόγους ὑπερηφάνους, ὥς φασι, λέγει, καὶ οὐχ οἷός ἐστιν ἔχων ἃ κατέστραπται μένειν ἐπὶ τούτων, ἀλλ' ἀεί τι προσπεριβάλλεται καὶ κύκλῳ πανταχῇ μέλλοντας ἡμᾶς καὶ καθημένους περιστοιχίζεται.

Πότ' οὖν, ὦ ἄνδρες Ἀθηναῖοι, πόθ' ἃ χρὴ πράξετε ; Ἐπειδὰν τί γένηται ; Ἐπειδὰν νὴ Δί' ἀνάγκη τις ᾖ. Νῦν δὲ τί χρὴ τὰ γιγνόμεν' ἡγεῖσθαι ; Ἐγὼ μὲν γὰρ οἴομαι τοῖς ἐλευθέροις μεγίστην ἀνάγκην τὴν ὑπὲρ τῶν πραγμάτων αἰσχύνην εἶναι. ἢ βούλεσθ', εἰπέ μοι, περιιόντες αὐτῶν πυνθάνεσθαι, 'Λέγεταί τι καινόν ;' Γένοιτο γὰρ ἄν τι καινότερον ἢ Μακεδὼν ἀνὴρ Ἀθηναίους καταπολεμῶν καὶ τὰ τῶν Ἑλλήνων διοικῶν ; 'Τέθνηκε Φίλιππος ; ' 'Οὐ μὰ Δί', ἀλλ' ἀσθενεῖ.'

Τί δ' ὑμῖν διαφέρει ; Καὶ γὰρ ἂν οὗτός τι πάθῃ, ταχέως ὑμεῖς ἕτερον Φίλιππον ποιήσετε, ἄνπερ οὕτω προσέχητε τοῖς πράγμασι τὸν νοῦν· οὐδὲ γὰρ οὗτος παρὰ τὴν αὑτοῦ ῥώμην τοσοῦτον ἐπηύξηται ὅσον παρὰ τὴν ἡμετέραν ἀμέλειαν

Καίτοι καὶ τοῦτο· εἴ τι πάθοι καὶ τὰ τῆς τύχης ἡμῖν, ἥπερ ἀεὶ βέλτιον ἢ ἡμεῖς ἡμῶν αὐτῶν ἐπιμελούμεθα, καὶ τοῦτ' ἐξεργάσαιτο, ἴσθ' ὅτι πλησίον μὲν ὄντες, ἅπασιν ἂν τοῖς πράγμασιν τεταραγμένοις ἐπιστάντες ὅπως βούλεσθε διοικήσαισθε, ὡς δὲ νῦν ἔχετε, οὐδὲ διδόντων τῶν καιρῶν Ἀμφίπολιν δέξασθαι δύναισθ' ἄν, ἀπηρτημένοι καὶ ταῖς παρασκευαῖς καὶ ταῖς γνώμαις.

Ὡς μὲν οὖν δεῖ τὰ προσήκοντα ποιεῖν ἐθέλοντας ὑπάρχειν ἅπαντας ἑτοίμως, ὡς ἐγνωκότων ὑμῶν καὶ πεπεισμένων, παύομαι λέγων· τὸν δὲ τρόπον τῆς παρασκευῆς ἣν ἀπαλλάξαι ἂν τῶν τοιούτων πραγμάτων ὑμᾶς οἴομαι, καὶ τὸ πλῆθος ὅσον, καὶ πόρους οὕστινας χρημάτων, καὶ τἄλλ' ὡς ἄν μοι βέλτιστα καὶ τάχιστα δοκεῖ παρασκευασθῆναι, καὶ δὴ πειράσομαι λέγειν, δεηθεὶς ὑμῶν, ὦ ἄνδρες Ἀθηναῖοι, τοσοῦτον.

Ἐπειδὰν ἅπαντ' ἀκούσητε κρίνατε, μὴ πρότερον προλαμβάνετε· μηδ' ἂν ἐξ ἀρχῆς δοκῶ τινι καινὴν παρασκευὴν λέγειν, ἀναβάλλειν με τὰ πράγμαθ' ἡγείσθω. Οὐ γὰρ οἱ ταχὺ καὶ τήμερον εἰπόντες μάλιστ' εἰς δέον λέγουσιν (οὐ γὰρ ἂν τά γ' ἤδη γεγενημένα τῇ νυνὶ βοηθείᾳ κωλῦσαι δυνηθεῖμεν),

ἀλλ' ὃς ἂν δείξῃ τίς πορισθεῖσα παρασκευὴ καὶ πόση καὶ πόθεν διαμεῖναι δυνήσεται, ἕως ἂν ἢ διαλυσώμεθα πεισθέντες τὸν πόλεμον ἢ περιγενώμεθα τῶν ἐχθρῶν· οὕτω γὰρ οὐκέτι τοῦ λοιποῦ πάσχοιμεν ἂν κακῶς. Οἶμαι τοίνυν ἐγὼ ταῦτα λέγειν ἔχειν, μὴ κωλύων εἴ τις ἄλλος ἐπαγγέλλεταί τι. Ἡ μὲν οὖν ὑπόσχεσις οὕτω μεγάλη, τὸ δὲ πρᾶγμ' ἤδη τὸν ἔλεγχον δώσει· κριταὶ δ' ὑμεῖς ἔσεσθε.

Πρῶτον μὲν τοίνυν, ὦ ἄνδρες Ἀθηναῖοι, τριήρεις πεντήκοντα παρασκευάσασθαι φημὶ δεῖν, εἶτ' αὐτοὺς

8

οὕτω τὰς γνώμας ἔχειν ὡς, ἐάν τι δέῃ, πλευστέον εἰς ταύτας αὐτοῖς ἐμβᾶσιν. Πρὸς δὲ τούτοις τοῖς ἡμίσεσιν τῶν ἱππέων ἱππαγωγοὺς τριήρεις καὶ πλοῖ᾽ ἱκανὰ εὐτρεπίσαι κελεύω.

Ταῦτα μὲν οἶμαι δεῖν ὑπάρχειν ἐπὶ τὰς ἐξαίφνης ταύτας ἀπὸ τῆς οἰκείας χώρας αὐτοῦ στρατείας εἰς Πύλας καὶ Χερρόνησον καὶ Ὄλυνθον καὶ ὅποι βούλεται· δεῖ γὰρ ἐκείνῳ τοῦτ᾽ ἐν τῇ γνώμῃ παραστῆσαι, ὡς ὑμεῖς ἐκ τῆς ἀμελείας ταύτης τῆς ἄγαν, ὥσπερ εἰς Εὔβοιαν καὶ πρότερόν ποτέ φασιν εἰς Ἁλίαρτον καὶ τὰ τελευταῖα πρώην εἰς Πύλας, ἴσως ἂν ὁρμήσαιτε.

Οὗτοι παντελῶς, οὐδ᾽ εἰ μὴ ποιήσαιτ᾽ ἂν τοῦτο, ὡς ἔγωγέ φημι δεῖν, εὐκαταφρόνητόν ἐστιν ἵν᾽ ἢ διὰ τὸν φόβον εἰδὼς εὐτρεπεῖς ὑμᾶς - εἴσεται γὰρ ἀκριβῶς· εἰσὶ γάρ, εἰσὶν οἱ πάντ᾽ ἐξαγγέλλοντες ἐκείνῳ παρ᾽ ἡμῶν αὐτῶν πλείους τοῦ δέοντος - ἡσυχίαν ἔχῃ, ἢ παριδὼν ταῦτ᾽ ἀφύλακτος ληφθῇ, μηδενὸς ὄντος ἐμποδὼν πλεῖν ἐπὶ τὴν ἐκείνου χώραν ὑμῖν, ἂν ἐνδῷ καιρόν.

Ταῦτα μέν ἐστιν ἃ πᾶσι δεδόχθαι φημὶ δεῖν καὶ παρεσκευάσθαι προσήκειν οἴομαι· πρὸ δὲ τούτων δύναμίν τιν᾽, ὦ ἄνδρες Ἀθηναῖοι, φημὶ προχειρίσασθαι δεῖν ὑμᾶς, ἣ συνεχῶς πολεμήσει καὶ κακῶς ἐκεῖνον ποιήσει. Μή μοι μυρίους μηδὲ δισμυρίους ξένους, μηδὲ τὰς ἐπιστολιμαίους ταύτας δυνάμεις, ἀλλ᾽ ἢ τῆς πόλεως ἔσται, κἂν ὑμεῖς ἕνα κἂν πλείους κἂν τὸν δεῖνα κἂν ὁντινοῦν χειροτονήσητε στρατηγόν, τούτῳ πείσεται καὶ ἀκολουθήσει.

Καὶ τροφὴν ταύτῃ πορίσαι κελεύω. Ἔσται δ᾽ αὕτη τίς ἡ δύναμις καὶ πόση, καὶ πόθεν τὴν τροφὴν ἕξει, καὶ πῶς ταῦτ᾽ ἐθελήσει ποιεῖν ; Ἐγὼ φράσω, καθ᾽ ἕκαστον τούτων διεξιὼν χωρίς. Ξένους μὲν λέγω - καὶ ὅπως μὴ ποιήσεθ᾽ ὃ πολλάκις ὑμᾶς ἔβλαψεν· πάντ᾽ ἐλάττω νομίζοντες εἶναι τοῦ δέοντος, καὶ τὰ μέγιστ᾽ ἐν τοῖς ψηφίσμασιν αἱρούμενοι, ἐπὶ τῷ πράττειν οὐδὲ τὰ μικρὰ ποιεῖτε· ἀλλὰ τὰ μικρὰ ποιήσαντες καὶ πορίσαντες τούτοις προστίθετε, ἂν ἐλάττω φαίνηται. -

Λέγω δὴ τοὺς πάντας στρατιώτας δισχιλίους, τούτων δ' Ἀθηναίους φημὶ δεῖν εἶναι πεντακοσίους, ἐξ ἧς ἄν τινος ὑμῖν ἡλικίας καλῶς ἔχειν δοκῇ, χρόνον τακτὸν στρατευομένους, μὴ μακρὸν τοῦτον, ἀλλ' ὅσον ἂν δοκῇ καλῶς ἔχειν, ἐκ διαδοχῆς ἀλλήλοις· τοὺς δ' ἄλλους ξένους εἶναι κελεύω. Καὶ μετὰ τούτων ἱππέας διακοσίους, καὶ τούτων πεντήκοντ' Ἀθηναίους τοὐλάχιστον, ὥσπερ τοὺς πεζούς, τὸν αὐτὸν τρόπον στρατευομένους· καὶ ἱππαγωγοὺς τούτοις.

Εἶεν· τί πρὸς τούτοις ἔτι; ταχείας τριήρεις δέκα· δεῖ γάρ, ἔχοντος ἐκείνου ναυτικόν, καὶ ταχειῶν τριήρων ἡμῖν, ὅπως ἀσφαλῶς ἡ δύναμις πλέη. Πόθεν δὴ τούτοις ἡ τροφὴ γενήσετα ; Ἐγὼ καὶ τοῦτο φράσω καὶ δείξω, ἐπειδάν, διότι τηλικαύτην ἀποχρῆν οἶμαι τὴν δύναμιν καὶ πολίτας τοὺς στρατευομένους εἶναι κελεύω, διδάξω.

Τοσαύτην μέν, ὦ ἄνδρες Ἀθηναῖοι, διὰ ταῦτα, ὅτι οὐκ ἔνι νῦν ἡμῖν πορίσασθαι δύναμιν τὴν ἐκείνῳ παραταξομένην, ἀλλὰ ληστεύειν ἀνάγκη καὶ τούτῳ τῷ τρόπῳ τοῦ πολέμου χρῆσθαι τὴν πρώτην· οὐ τοίνυν ὑπέρογκον αὐτήν - οὐ γὰρ ἔστι μισθὸς οὐδὲ τροφή - οὐδὲ παντελῶς ταπεινὴν εἶναι δεῖ.

Πολίτας δὲ παρεῖναι καὶ συμπλεῖν διὰ ταῦτα κελεύω, ὅτι καὶ πρότερόν ποτ' ἀκούω ξενικὸν τρέφειν ἐν Κορίνθῳ τὴν πόλιν, οὗ Πολύστρατος ἡγεῖτο καὶ Ἰφικράτης καὶ Χαβρίας καὶ ἄλλοι τινές, καὶ αὐτοὺς ὑμᾶς συστρατεύεσθαι· καὶ οἶδ' ἀκούων ὅτι Λακεδαιμονίους παραττόμενοι μεθ' ὑμῶν ἐνίκων οὗτοι οἱ ξένοι καὶ ὑμεῖς μετ' ἐκείνων. Ἐξ οὗ δ' αὐτὰ καθ' αὑτὰ τὰ ξενικὰ ὑμῖν στρατεύεται, τοὺς φίλους νικᾷ καὶ τοὺς συμμάχους, οἱ δ' ἐχθροὶ μείζους τοῦ δέοντος γεγόνασιν. Καὶ παρακύψαντ' ἐπὶ τὸν τῆς πόλεως πόλεμον, πρὸς Ἀρτάβαζον καὶ πανταχοῖ μᾶλλον οἴχεται πλέοντα, ὁ δὲ στρατηγὸς ἀκολουθεῖ, εἰκότως· οὐ γὰρ ἔστιν ἄρχειν μὴ διδόντα μισθόν.

Τί οὖν κελεύω ; Τὰς προφάσεις ἀφελεῖν καὶ τοῦ στρατηγοῦ καὶ τῶν στρατιωτῶν, μισθὸν πορίσαντας καὶ στρατιώτας οἰκείους ὥσπερ ἐπόπτας τῶν στρατηγουμένων παρακαταστήσαντας· ἐπεὶ νῦν γε γέλως ἔσθ' ὡς χρώμεθα τοῖς πράγμασιν. Εἰ γὰρ ἔροιτό τις ὑμᾶς, 'Εἰρήνην ἄγετ', ὦ ἄνδρες ᾿Αθηναῖοι;' 'μὰ Δί' οὐχ ἡμεῖς γ',' εἴποιτ' ἄν, 'ἀλλὰ Φιλίππῳ πολεμοῦμεν.'

Οὐκ ἐχειροτονεῖτε δ' ἐξ ὑμῶν αὐτῶν δέκα ταξιάρχους καὶ στρατηγοὺς καὶ φυλάρχους καὶ ἱππάρχους δύο ; Τί οὖν οὗτοι ποιοῦσιν ; Πλὴν ἑνὸς ἀνδρός, ὃν ἂν ἐκπέμψητ' ἐπὶ τὸν πόλεμον, οἱ λοιποὶ τὰς πομπὰς πέμπουσιν ὑμῖν μετὰ τῶν ἱεροποιῶν· ὥσπερ γὰρ οἱ πλάττοντες τοὺς πηλίνους, εἰς τὴν ἀγορὰν χειροτονεῖτε τοὺς ταξιάρχους καὶ τοὺς φυλάρχους, οὐκ ἐπὶ τὸν πόλεμον.

Οὐ γὰρ ἐχρῆν, ὦ ἄνδρες ᾿Αθηναῖοι, ταξιάρχους παρ' ὑμῶν, ἵππαρχον παρ' ὑμῶν, ἄρχοντας οἰκείους εἶναι, ἵν' ἦν ὡς ἀληθῶς τῆς πόλεως ἡ δύναμις ; Ἀλλ' εἰς μὲν Λῆμνον τὸν παρ' ὑμῶν ἵππαρχον δεῖ πλεῖν, τῶν δ' ὑπὲρ τῶν τῆς πόλεως κτημάτων ἀγωνιζομένων Μενέλαον ἱππαρχεῖν. Καὶ οὐ τὸν ἄνδρα μεμφόμενος ταῦτα λέγω, ἀλλ' ὑφ' ὑμῶν ἔδει κεχειροτονημένον εἶναι τοῦτον, ὅστις ἂν ᾖ.

Ἴσως δὲ ταῦτα μὲν ὀρθῶς ἡγεῖσθε λέγεσθαι, τὸ δὲ τῶν χρημάτων, πόσα καὶ πόθεν ἔσται, μάλιστα ποθεῖτ' ἀκοῦσαι. Τοῦτο δὴ καὶ περαίνω. Χρήματα τοίνυν· ἔστι μὲν ἡ τροφή, σιτηρέσιον μόνον, τῇ δυνάμει ταύτῃ τάλαντ' ἐνενήκοντα καὶ μικρόν τι πρός, δέκα μὲν ναυσὶ ταχείαις τετταράκοντα τάλαντα, εἴκοσιν εἰς τὴν ναῦν μναῖ τοῦ μηνὸς ἑκάστου, στρατιώταις δὲ δισχιλίοις τοσαῦθ' ἕτερα, ἵνα δέκα τοῦ μηνὸς ὁ στρατιώτης δραχμὰς σιτηρέσιον λαμβάνῃ, τοῖς δ' ἱππεῦσι διακοσίοις οὖσιν, ἐὰν τριάκοντα δραχμὰς ἕκαστος λαμβάνῃ τοῦ μηνός, δώδεκα τάλαντα.

Εἰ δέ τις οἴεται μικρὰν ἀφορμὴν εἶναι σιτηρέσιον τοῖς στρατευομένοις ὑπάρχειν, οὐκ ὀρθῶς ἔγνωκεν· ἐγὼ γὰρ οἶδα σαφῶς ὅτι, τοῦτ' ἂν γένηται, προσποριεῖ τὰ λοιπὰ αὐτὸ τὸ στράτευμ' ἀπὸ τοῦ πολέμου, οὐδένα τῶν Ἑλλήνων ἀδικοῦν οὐδὲ τῶν συμμάχων, ὥστ' ἔχειν μισθὸν ἐντελῆ. Ἐγὼ συμπλέων ἐθελοντὴς πάσχειν ὁτιοῦν ἕτοιμος, ἐὰν μὴ ταῦθ' οὕτως ἔχῃ. Πόθεν οὖν ὁ πόρος τῶν χρημάτων, ἃ παρ' ὑμῶν κελεύω γενέσθαι ; Τοῦτ' ἤδη λέξω.

Πόρου Ἀπόδειξις

Ἃ μὲν ἡμεῖς, ὦ ἄνδρες Ἀθηναῖοι, δεδυνήμεθ' εὑρεῖν ταῦτ' ἐστίν· ἐπειδὰν δ' ἐπιχειροτονῆτε τὰς γνώμας, ἂν ὑμῖν ἀρέσκῃ, χειροτονήσετε, ἵνα μὴ μόνον ἐν τοῖς ψηφίσμασι καὶ ταῖς ἐπιστολαῖς πολεμῆτε Φιλίππῳ, ἀλλὰ καὶ τοῖς ἔργοις.

Δοκεῖτε δέ μοι πολὺ βέλτιον ἂν περὶ τοῦ πολέμου καὶ ὅλης τῆς παρασκευῆς βουλεύσασθαι, εἰ τὸν τόπον, ὦ ἄνδρες Ἀθηναῖοι, τῆς χώρας, πρὸς ἣν πολεμεῖτε, ἐνθυμηθείητε, καὶ λογίσαισθ' ὅτι τοῖς πνεύμασιν καὶ ταῖς ὥραις τοῦ ἔτους τὰ πολλὰ προλαμβάνων διαπράττεται Φίλιππος, καὶ φυλάξας τοὺς ἐτησίας ἢ τὸν χειμῶν' ἐπιχειρεῖ, ἡνίκ' ἂν ἡμεῖς μὴ δυναίμεθ' ἐκεῖσ' ἀφικέσθαι.

Δεῖ τοίνυν ταῦτ' ἐνθυμουμένους μὴ βοηθείαις πολεμεῖν, ὑστεριοῦμεν γὰρ ἁπάντων, ἀλλὰ παρασκευῇ συνεχεῖ καὶ δυνάμει. Ὑπάρχει δ' ὑμῖν χειμαδίῳ μὲν χρῆσθαι τῇ δυνάμει Λήμνῳ καὶ Θάσῳ καὶ Σκιάθῳ καὶ ταῖς ἐν τούτῳ τῷ τόπῳ νήσοις, ἐν αἷς καὶ λιμένες καὶ σῖτος καὶ ἃ χρὴ στρατεύματι πάνθ' ὑπάρχει· τὴν δ' ὥραν τοῦ ἔτους, ὅτε καὶ πρὸς τῇ γῇ γενέσθαι ῥᾴδιον καὶ τὸ τῶν πνευμάτων ἀσφαλές, πρὸς αὐτῇ τῇ χώρᾳ καὶ πρὸς τοῖς τῶν ἐμπορίων στόμασιν ῥᾳδίως... ἔσται.

Ἃ μὲν οὖν χρήσεται καὶ πότε τῇ δυνάμει, παρὰ τὸν καιρὸν ὁ τούτων κύριος καταστὰς ὑφ' ὑμῶν βουλεύσεται·

ἃ δ' ὑπάρξαι δεῖ παρ' ὑμῶν, ταῦτ' ἐστὶν ἁγὼ γέγραφα. ἂν ταῦτ', ὦ ἄνδρες Ἀθηναῖοι, πορίσητε, τὰ χρήματα πρῶτον ἃ λέγω, εἶτα καὶ τἄλλα παρασκευάσαντες, τοὺς στρατιώτας, τὰς τριήρεις, τοὺς ἱππέας, ἐντελῆ πᾶσαν τὴν δύναμιν νόμῳ κατακλείσητ' ἐπὶ τῷ πολέμῳ μένειν, τῶν μὲν χρημάτων αὐτοὶ ταμίαι καὶ πορισταὶ γιγνόμενοι, τῶν δὲ πράξεων παρὰ τοῦ στρατηγοῦ τὸν λόγον ζητοῦντες, παύσεσθ' ἀεὶ περὶ τῶν αὐτῶν βουλευόμενοι καὶ πλέον οὐδὲν ποιοῦντες.

Καὶ ἔτι πρὸς τούτῳ πρῶτον μέν, ὦ ἄνδρες Ἀθηναῖοι, τὸν μέγιστον τῶν ἐκείνου πόρων ἀφαιρήσεσθε. Ἔστι δ' οὗτος τίς ; Ἀπὸ τῶν ὑμετέρων ὑμῖν πολεμεῖ συμμάχων, ἄγων καὶ φέρων τοὺς πλέοντας τὴν θάλατταν. Ἔπειτα τί πρὸς τούτῳ ; Τοῦ πάσχειν αὐτοὶ κακῶς ἔξω γενήσεσθε, οὐχ ὥσπερ τὸν παρελθόντα χρόνον εἰς Λῆμνον καὶ Ἴμβρον ἐμβαλὼν αἰχμαλώτους πολίτας ὑμετέρους ᾤχετ' ἔχων, πρὸς τῷ Γεραιστῷ τὰ πλοῖα συλλαβὼν ἀμύθητα χρήματ' ἐξέλεξε, τὰ τελευταῖ' εἰς Μαραθῶν' ἀπέβη καὶ τὴν ἱερὰν ἀπὸ τῆς χώρας ᾤχετ' ἔχων τριήρη, ὑμεῖς δ' οὔτε ταῦτα δύνασθε κωλύειν οὔτ' εἰς τοὺς χρόνους, οὓς ἂν προθῆσθε, βοηθεῖν.

Καίτοι τί δήποτ', ὦ ἄνδρες Ἀθηναῖοι, νομίζετε τὴν μὲν τῶν Παναθηναίων ἑορτὴν καὶ τὴν τῶν Διονυσίων ἀεὶ τοῦ καθήκοντος χρόνου γίγνεσθαι, ἄν τε δεινοὶ λάχωσιν ἄν τ' ἰδιῶται οἱ τούτων ἑκατέρων ἐπιμελούμενοι, εἰς ἃ τοσαῦτ' ἀναλίσκεται χρήματα, ὅσ' οὐδ' εἰς ἕνα τῶν ἀποστόλων, καὶ τοσοῦτον ὄχλον καὶ παρασκευὴν ὅσην οὐκ οἶδ' εἴ τι τῶν ἁπάντων ἔχει, τοὺς δ' ἀποστόλους πάντας ὑμῖν ὑστερίζειν τῶν καιρῶν, τὸν εἰς Μεθώνην, τὸν εἰς Παγασάς, τὸν εἰς Ποτείδαιαν ;

Ὅτι ἐκεῖνα μὲν ἅπαντα νόμῳ τέτακται, καὶ πρόοιδεν ἕκαστος ὑμῶν ἐκ πολλοῦ τίς χορηγὸς ἢ γυμνασίαρχος τῆς φυλῆς, πότε καὶ παρὰ τοῦ καὶ τί λαβόντα τί δεῖ ποιεῖν, οὐδὲν ἀνεξέταστον οὐδ' ἀόριστον ἐν τούτοις ἠμέληται· ἐν δὲ τοῖς περὶ τοῦ πολέμου καὶ τῇ τούτου παρασκευῇ ἄτακτα, ἀδιόρθωτα, ἀόρισθ' ἅπαντα. τοιγαροῦν ἅμ' ἀκηκόαμέν τι καὶ τριηράρχους καθίσταμεν καὶ τούτοις ἀντιδόσεις ποιούμεθα καὶ περὶ χρημάτων πόρου σκοποῦμεν, καὶ μετὰ ταῦτ' ἐμβαίνειν τοὺς μετοίκους ἔδοξε καὶ τοὺς χωρὶς οἰκοῦντας, εἶτ' αὐτοὺς πάλιν, εἶτ' ἀντεμβιβάζειν.

Εἶτ' ἐν ὅσῳ ταῦτα μέλλεται, προαπόλωλεν τὸ ἐφ' ὃ ἂν ἐκπλέωμεν· τὸν γὰρ τοῦ πράττειν χρόνον εἰς τὸ παρασκευάζεσθαι ἀναλίσκομεν, οἱ δὲ τῶν πραγμάτων οὐ μένουσι καιροὶ τὴν ἡμετέραν βραδυτῆτα καὶ εἰρωνείαν. Ἃς δὲ τὸν μεταξὺ χρόνον δυνάμεις οἰόμεθ' ἡμῖν ὑπάρχειν, οὐδὲν οἷαί τ' οὖσαι ποιεῖν ἐπ' αὐτῶν τῶν καιρῶν ἐξελέγχονται. Ὁ δ' εἰς τοῦθ' ὕβρεως ἐλήλυθεν ὥστ' ἐπιστέλλειν Εὐβοεῦσιν ἤδη τοιαύτας ἐπιστολάς.

Ἐπιστολῆς Ἀνάγνωσις Τούτων, ὦ ἄνδρες Ἀθηναῖοι, τῶν ἀνεγνωσμένων ἀληθῆ μέν ἐστι τὰ πολλά, ὡς οὐκ ἔδει, οὐ μὴν ἀλλ' ἴσως οὐχ ἡδέ' ἀκούειν. Ἀλλ' εἰ μέν, ὅσ' ἄν τις ὑπερβῇ τῷ λόγῳ, ἵνα μὴ λυπήσῃ, καὶ τὰ πράγμαθ' ὑπερβήσεται, δεῖ πρὸς ἡδονὴν δημηγορεῖν· εἰ δ' ἡ τῶν λόγων χάρις, ἂν ᾖ μὴ προσήκουσα, ἔργῳ ζημία γίγνεται, αἰσχρόν ἐστι φενακίζειν ἑαυτούς, καὶ ἅπαντ' ἀναβαλλομένους ἂν ᾖ δυσχερῆ πάντων ὑστερεῖν τῶν ἔργων,

καὶ μηδὲ τοῦτο δύνασθαι μαθεῖν, ὅτι δεῖ τοὺς ὀρθῶς πολέμῳ χρωμένους οὐκ ἀκολουθεῖν τοῖς πράγμασιν, ἀλλ' αὐτοὺς ἔμπροσθεν εἶναι τῶν πραγμάτων, καὶ τὸν αὐτὸν τρόπον ὥσπερ τῶν στρατευμάτων ἀξιώσειέ τις ἂν τὸν στρατηγὸν ἡγεῖσθαι, οὕτω καὶ τῶν πραγμάτων τοὺς βουλευομένους, ἵν' ἂν ἐκείνοις δοκῇ, ταῦτα πράττηται καὶ μὴ τὰ συμβάντ' ἀναγκάζωνται διώκειν.

Ὑμεῖς δ', ὦ ἄνδρες Ἀθηναῖοι, πλείστην δύναμιν

14

ἀπάντων ἔχοντες, τριήρεις, ὁπλίτας, ἱππέας, χρημάτων πρόσοδον, τούτων μὲν μέχρι τῆς τήμερον ἡμέρας οὐδενὶ πώποτ' εἰς δέον τι κέχρησθε, οὐδὲν δ' ἀπολείπετε, ὥσπερ οἱ βάρβαροι πυκτεύουσιν, οὕτω πολεμεῖν Φιλίππῳ. Καὶ γὰρ ἐκείνων ὁ πληγεὶς ἀεὶ τῆς πληγῆς ἔχεται, κἂν ἑτέρωσε πατάξῃ τις, ἐκεῖσ' εἰσὶν αἱ χεῖρες· προβάλλεσθαι δ' ἢ βλέπειν ἐναντίον οὔτ' οἶδεν οὔτ' ἐθέλει.

Καὶ ὑμεῖς, ἂν ἐν Χερρονήσῳ πύθησθε Φίλιππον, ἐκεῖσε βοηθεῖν ψηφίζεσθε, ἂν ἐν Πύλαις, ἐκεῖσε, ἂν ἄλλοθί που, συμπαραθεῖτ' ἄνω κάτω, καὶ στρατηγεῖσθ' ὑπ' ἐκείνου, βεβούλευσθε δ' οὐδὲν αὐτοὶ συμφέρον περὶ τοῦ πολέμου, οὐδὲ πρὸ τῶν πραγμάτων προορᾶτ' οὐδέν, πρὶν ἂν ἢ γεγενημένον ἢ γιγνόμενόν τι πύθησθε. Ταῦτα δ' ἴσως πρότερον μὲν ἐνῆν· νῦν δ' ἐπ' αὐτὴν ἥκει τὴν ἀκμήν, ὥστ' οὐκέτ' ἐγχωρεῖ.

Δοκεῖ δέ μοι θεῶν τις, ὦ ἄνδρες Ἀθηναῖοι, τοῖς γιγνομένοις ὑπὲρ τῆς πόλεως αἰσχυνόμενος τὴν φιλοπραγμοσύνην ταύτην ἐμβαλεῖν Φιλίππῳ. Εἰ γὰρ ἔχων ἃ κατέστραπται καὶ προείληφεν ἡσυχίαν ἔχειν ἤθελε καὶ μηδὲν ἔπραττεν ἔτι, ἀποχρῆν ἐνίοις ὑμῶν ἄν μοι δοκεῖ, ἐξ ὧν αἰσχύνην καὶ ἀνανδρίαν καὶ πάντα τὰ αἴσχιστ' ὠφληκότες ἂν ἦμεν δημοσίᾳ· νῦν δ' ἐπιχειρῶν ἀεί τινι καὶ τοῦ πλείονος ὀρεγόμενος ἴσως ἂν ἐκκαλέσαιθ' ὑμᾶς, εἴπερ μὴ παντάπασιν ἀπεγνώκατε.

Θαυμάζω δ' ἔγωγε, εἰ μηδεὶς ὑμῶν μήτ' ἐνθυμεῖται μήτ' ὀργίζεται, ὁρῶν, ὦ ἄνδρες Ἀθηναῖοι, τὴν μὲν ἀρχὴν τοῦ πολέμου γεγενημένην περὶ τοῦ τιμωρήσασθαι Φίλιππον, τὴν δὲ τελευτὴν οὖσαν ἤδη ὑπὲρ τοῦ μὴ παθεῖν κακῶς ὑπὸ Φιλίππου. Ἀλλὰ μὴν ὅτι γ' οὐ στήσεται, δῆλον, εἰ μή τις κωλύσει. εἶτα τοῦτ' ἀναμενοῦμεν ; Καὶ τριήρεις κενὰς καὶ τὰς παρὰ τοῦ δεῖνος ἐλπίδας ἂν ἀποστείλητε, πάντ' ἔχειν οἴεσθε καλῶς ;

Οὐκ ἐμβησόμεθα ; Οὐκ ἔξιμεν αὐτοὶ μέρει γέ τινι

στρατιωτῶν οἰκείων νῦν, εἰ καὶ μὴ πρότερον ; Οὐκ ἐπὶ τὴν ἐκείνου πλευσόμεθα ; 'Ποῖ οὖν προσορμιούμεθα'; Ἡρετό τις. Εὑρήσει τὰ σαθρά, ὦ ἄνδρες Ἀθηναῖοι, τῶν ἐκείνου πραγμάτων αὐτὸς ὁ πόλεμος, ἂν ἐπιχειρῶμεν· ἂν μέντοι καθώμεθ' οἴκοι, λοιδορουμένων ἀκούοντες καὶ αἰτιωμένων ἀλλήλους τῶν λεγόντων, οὐδέποτ' οὐδὲν ἡμῖν μὴ γένηται τῶν δεόντων.

Ὅποι μὲν γὰρ ἄν, οἶμαι, μέρος τι τῆς πόλεως συναποσταλῇ, κἂν μὴ πᾶσα, καὶ τὸ τῶν θεῶν εὐμενὲς καὶ τὸ τῆς τύχης συναγωνίζεται· ὅποι δ' ἂν στρατηγὸν καὶ ψήφισμα κενὸν καὶ τὰς ἀπὸ τοῦ βήματος ἐλπίδας ἐκπέμψητε, οὐδὲν ὑμῖν τῶν δεόντων γίγνεται, ἀλλ' οἱ μὲν ἐχθροὶ καταγελῶσιν, οἱ δὲ σύμμαχοι τεθνᾶσι τῷ δέει τοὺς τοιούτους ἀποστόλους.

Οὐ γὰρ ἔστιν, οὐκ ἔστιν ἕν' ἄνδρα δυνηθῆναί ποτε ταῦθ' ὑμῖν πρᾶξαι πάνθ' ὅσα βούλεσθε· ὑποσχέσθαι μέντοι καὶ φῆσαι καὶ τὸν δεῖν' αἰτιάσασθαι καὶ τὸν δεῖν' ἔστι, τὰ δὲ πράγματ' ἐκ τούτων ἀπόλωλεν· ὅταν γὰρ ἡγῆται μὲν ὁ στρατηγὸς ἀθλίων ἀπομίσθων ξένων, οἱ δ' ὑπὲρ ὧν ἂν ἐκεῖνος πράξῃ πρὸς ὑμᾶς ψευδόμενοι ῥᾳδίως ἐνθάδ' ὦσιν, ὑμεῖς δ' ἐξ ὧν ἂν ἀκούσηθ' ὅ τι ἂν τύχητε ψηφίζησθε, τί καὶ χρὴ προσδοκᾶν ;

Πῶς οὖν ταῦτα παύσεται ; Ὅταν ὑμεῖς, ὦ ἄνδρες Ἀθηναῖοι, τοὺς αὐτοὺς ἀποδείξητε στρατιώτας καὶ μάρτυρας τῶν στρατηγουμένων καὶ δικαστὰς οἴκαδ' ἐλθόντας τῶν εὐθυνῶν, ὥστε μὴ ἀκούειν μόνον ὑμᾶς τὰ ὑμέτερ' αὐτῶν, ἀλλὰ καὶ παρόντας ὁρᾶν. Νῦν δ' εἰς τοῦθ' ἥκει τὰ πράγματ' αἰσχύνης ὥστε τῶν στρατηγῶν ἕκαστος δὶς καὶ τρὶς κρίνεται παρ' ὑμῖν περὶ θανάτου, πρὸς δὲ τοὺς ἐχθροὺς οὐδεὶς οὐδ' ἅπαξ αὐτῶν ἀγωνίσασθαι περὶ θανάτου τολμᾷ, ἀλλὰ τὸν τῶν ἀνδραποδιστῶν καὶ λωποδυτῶν θάνατον μᾶλλον αἱροῦνται τοῦ προσήκοντος· κακούργου μὲν γὰρ ἐστι κριθέντ' ἀποθανεῖν, στρατηγοῦ δὲ μαχόμενον τοῖς πολεμίοις.

Ἡμῶν δ' οἱ μὲν περιόντες μετὰ Λακεδαιμονίων φασὶ Φίλιππον πράττειν τὴν Θηβαίων κατάλυσιν καὶ τὰς πολιτείας διασπᾶν, οἱ δ' ὡς πρέσβεις πέπομφεν ὡς βασιλέα, οἱ δ' ἐν Ἰλλυριοῖς πόλεις τειχίζειν, οἱ δὲ λόγους πλάττοντες ἕκαστος περιερχόμεθα.

Ἐγὼ δ' οἶμαι μέν, ὦ ἄνδρες Ἀθηναῖοι, νὴ τοὺς θεοὺς ἐκεῖνον μεθύειν τῷ μεγέθει τῶν πεπραγμένων καὶ πολλὰ τοιαῦτ' ὀνειροπολεῖν ἐν τῇ γνώμῃ, τήν τ' ἐρημίαν τῶν κωλυσόντων ὁρῶντα καὶ τοῖς πεπραγμένοις ἐπηρμένον, οὐ μέντοι μὰ Δί' οὕτω γε προαιρεῖσθαι πράττειν ὥστε τοὺς ἀνοητοτάτους τῶν παρ' ἡμῖν εἰδέναι τί μέλλει ποιεῖν ἐκεῖνος· ἀνοητότατοι γάρ εἰσιν οἱ λογοποιοῦντες.

Ἀλλ' ἂν ἀφέντες ταῦτ' ἐκεῖν' εἰδῶμεν, ὅτι ἐχθρὸς ἄνθρωπος καὶ τὰ ἡμέτερ' ἡμᾶς ἀποστερεῖ καὶ χρόνον πολὺν ὕβρικε, καὶ ἅπανθ' ὅσα πώποτ' ἠλπίσαμέν τινα πράξειν ὑπὲρ ἡμῶν καθ' ἡμῶν εὕρηται, καὶ τὰ λοιπὰ ἐν αὐτοῖς ἡμῖν ἐστί, κἂν μὴ νῦν ἐθέλωμεν ἐκεῖ πολεμεῖν αὐτῷ, ἐνθάδ' ἴσως ἀναγκασθησόμεθα τοῦτο ποιεῖν, ἂν ταῦτ' εἰδῶμεν, καὶ τὰ δέοντ' ἐσόμεθ' ἐγνωκότες καὶ λόγων ματαίων ἀπηλλαγμένοι· οὐ γὰρ ἄττα ποτ' ἔσται δεῖ σκοπεῖν, ἀλλ' ὅτι φαῦλα, ἂν μὴ προσέχητε τὸν νοῦν καὶ τὰ προσήκοντα ποιεῖν ἐθέλητε, εὖ εἰδέναι.

Ἐγὼ μὲν οὖν οὔτ' ἄλλοτε πώποτε πρὸς χάριν εἱλόμην λέγειν ὅ τι ἂν μὴ καὶ συνοίσειν πεπεισμένος ὦ, νῦν θ' ἃ γιγνώσκω πάνθ' ἁπλῶς, οὐδὲν ὑποστειλάμενος, πεπαρρησίασμαι. ἐβουλόμην δ' ἄν, ὥσπερ ὅτι ὑμῖν συμφέρει τὰ βέλτιστ' ἀκούειν οἶδα, οὕτως εἰδέναι συνοῖσον καὶ τῷ τὰ βέλτιστ' εἰπόντι· πολλῷ γὰρ ἂν ἥδιον εἶχον. Νῦν δ' ἐπ' ἀδήλοις οὖσι τοῖς ἀπὸ τούτων ἐμαυτῷ γενησομένοις, ὅμως ἐπὶ τῷ συνοίσειν ὑμῖν, ἂν πράξητε, ταῦτα πεπεῖσθαι λέγειν αἱροῦμαι. Νικῴη δ' ὅ τι πᾶσιν μέλλει συνοίσειν.

Φιλιππικός Β'

ὅταν, ὦ ἄνδρες Ἀθηναῖοι, λόγοι γίγνωνται περὶ ὧν Φίλιππος πράττει καὶ βιάζεται παρὰ τὴν εἰρήνην, ἀεὶ τοὺς ὑπὲρ ἡμῶν λόγους καὶ δικαίους καὶ φιλανθρώπους ὁρῶ φαινομένους, καὶ λέγειν μὲν ἅπαντας ἀεὶ τὰ δέοντα δοκοῦντας τοὺς κατηγοροῦντας Φιλίππου, γιγνόμενον δ' οὐδὲν ὡς ἔπος εἰπεῖν τῶν δεόντων, οὐδ' ὧν εἵνεκα ταῦτ' ἀκούειν ἄξιον·

ἀλλ' εἰς τοῦτ' ἤδη προηγμένα τυγχάνει πάντα τὰ πράγματα τῇ πόλει, ὥσθ' ὅσῳ τις ἂν μᾶλλον καὶ φανερώτερον ἐξελέγχῃ Φίλιππον καὶ τὴν πρὸς ὑμᾶς εἰρήνην παραβαίνοντα καὶ πᾶσι τοῖς ελλησιν ἐπιβουλεύοντα, τοσούτῳ τὸ τί χρὴ ποιεῖν συμβουλεῦσαι χαλεπώτερον.

αἴτιον δὲ τούτων, ὅτι πάντες, ὦ ἄνδρες Ἀθηναῖοι, τοὺς πλεονεκτεῖν ζητοῦντας ἔργῳ κωλύειν καὶ πράξεσιν, οὐχὶ λόγοις δέον, πρῶτον μὲν ἡμεῖς οἱ παριόντες τούτων μὲν ἀφέσταμεν καὶ γράφειν καὶ συμβουλεύειν, τὴν πρὸς ὑμᾶς ἀπέχθειαν ὀκνοῦντες, οἷα ποιεῖ δ', ὡς δεινά, καὶ τοιαῦτα διεξερχόμεθα· ἔπειθ' ὑμεῖς οἱ καθήμενοι, ὡς μὲν ἂν εἴποιτε δικαίους λόγους καὶ λέγοντος ἄλλου συνείητε, ἄμεινον Φιλίππου παρεσκεύασθε, ὡς δὲ κωλύσαιτ' ἂν ἐκεῖνον πράττειν ταῦτ' ἐφ' ὧν ἐστι νῦν, παντελῶς ἀργῶς ἔχετε.

συμβαίνει δὴ πρᾶγμ' ἀναγκαῖον, οἶμαι, καὶ ἴσως εἰκός· ἐν οἷς ἑκάτεροι διατρίβετε καὶ περὶ ἃ σπουδάζετε, ταῦτ' ἄμεινον ἑκατέροις ἔχει, ἐκείνῳ μὲν αἱ πράξεις, ὑμῖν δ' οἱ λόγοι. εἰ μὲν οὖν καὶ νῦν λέγειν δικαιότερ' ὑμῖν ἐξαρκεῖ, ῥᾴδιον, καὶ πόνος οὐδεὶς πρόσεστι τῷ πράγματι·

εἰ δ' ὅπως τὰ παρόντ' ἐπανορθωθήσεται δεῖ σκοπεῖν καὶ μὴ προελθόντ' ἔτι πορρωτέρω λήσει πάνθ' ἡμᾶς, μηδ' ἐπιστήσεται μέγεθος δυνάμεως πρὸς ἣν οὐδ' ἀντᾶραι δυνησόμεθα, οὐχ ὁ αὐτὸς τρόπος ὅσπερ πρότερον τοῦ βουλεύεσθαι, ἀλλὰ καὶ τοῖς λέγουσιν ἅπασι καὶ τοῖς ἀκούουσιν ὑμῖν τὰ βέλτιστα καὶ τὰ σώσοντα τῶν ῥᾴστων καὶ τῶν ἡδίστων προαιρετέον.

πρῶτον μέν, εἴ τις, ὦ ἄνδρες Ἀθηναῖοι, θαρρεῖ, ὁρῶν ἡλίκος ἤδη καὶ ὅσων κύριός ἐστι Φίλιππος, καὶ μηδέν᾽ οἴεται κίνδυνον φέρειν τοῦτο τῇ πόλει μηδ᾽ ἐφ᾽ ὑμᾶς πάντα παρασκευάζεσθαι, θαυμάζω, καὶ δεηθῆναι πάντων ὁμοίως ὑμῶν βούλομαι τοὺς λογισμοὺς ἀκοῦσαί μου διὰ βραχέων, δι᾽ οὓς τἀναντί᾽ ἐμοὶ παρέστηκε προσδοκᾶν καὶ δι᾽ ὧν ἐχθρὸν ἡγοῦμαι Φίλιππον· ἵν᾽, ἐὰν μὲν ἐγὼ δοκῶ βέλτιον προορᾶν, ἐμοὶ πεισθῆτε, ἂν δ᾽ οἱ θαρροῦντες καὶ πεπιστευκότες αὐτῷ, τούτοις προσθῆσθε.

ἐγὼ τοίνυν, ὦ ἄνδρες Ἀθηναῖοι, λογίζομαι· τίνων ὁ Φίλιππος κύριος πρῶτον μετὰ τὴν εἰρήνην κατέστη πυλῶν καὶ τῶν ἐν Φωκεῦσι πραγμάτων. τί οὖν πῶς τούτοις ἐχρήσατο ἃ Θηβαίοις συμφέρει καὶ οὐχ ἃ τῇ πόλει, πράττειν προείλετο. τί δήποτε ὅτι πρὸς πλεονεξίαν, οἶμαι, καὶ τὸ πάνθ᾽ ὑφ᾽ αὑτῷ ποιήσασθαι τοὺς λογισμοὺς ἐξετάζων, καὶ οὐχὶ πρὸς εἰρήνην οὐδ᾽ ἡσυχίαν οὐδὲ δίκαιον οὐδέν,

εἶδε τοῦτ᾽ ὀρθῶς, ὅτι τῇ μὲν ἡμετέρᾳ πόλει καὶ τοῖς ἤθεσι τοῖς ἡμετέροις οὐδὲν ἂν ἐνδείξαιτο τοσοῦτον οὐδὲ ποιήσειεν, ὑφ᾽ οὗ πεισθέντες ὑμεῖς τῆς ἰδίας ἕνεκ᾽ ὠφελείας τῶν ἄλλων τινὰς Ἑλλήνων ἐκείνῳ προοῖσθε, ἀλλὰ καὶ τοῦ δικαίου λόγον ποιούμενοι, καὶ τὴν προσοῦσαν ἀδοξίαν τῷ πράγματι φεύγοντες, καὶ πάνθ᾽ ἃ προσήκει προορώμενοι, ὁμοίως ἐναντιώσεσθε, ἄν τι τοιοῦτ᾽ ἐπιχειρῇ πράττειν, ὥσπερ ἂν εἰ πολεμοῦντες τύχοιτε.

τοὺς δὲ Θηβαίους ἡγεῖτο, ὅπερ συνέβη, ἀντὶ τῶν ἑαυτοῖς γιγνομένων τὰ λοιπὰ ἐάσειν ὅπως βούλεται πράττειν ἑαυτόν, καὶ οὐχ ὅπως ἀντιπράξειν καὶ διακωλύσειν, ἀλλὰ καὶ συστρατεύσειν, ἂν αὐτοὺς κελεύῃ. καὶ νῦν τοὺς Μεσσηνίους καὶ τοὺς Ἀργείους ταῦθ᾽ ὑπειληφὼς εὖ ποιεῖ. ὃ καὶ μέγιστόν ἐστι καθ᾽ ὑμῶν ἐγκώμιον, ὦ ἄνδρες Ἀθηναῖοι·

κέκρισθε γὰρ ἐκ τούτων τῶν ἔργων μόνοι τῶν πάντων μηδενὸς ἂν κέρδους τὰ κοινὰ δίκαια τῶν Ἑλλήνων προέσθαι, μηδ᾽ ἀνταλλάξασθαι μηδεμιᾶς χάριτος μηδ᾽ ὠφελείας τὴν εἰς τοὺς ελληνας εὔνοιαν. καὶ ταῦτ᾽ εἰκότως καὶ περὶ ὑμῶν οὕτως ὑπείληφε καὶ κατ᾽ Ἀργείων καὶ Θηβαίων ὡς ἑτέρως, οὐ μόνον εἰς τὰ παρόνθ᾽ ὁρῶν, ἀλλὰ καὶ τὰ πρὸ τούτων λογιζόμενος.

εὑρίσκει γάρ, οἶμαι, καὶ ἀκούει τοὺς μὲν ὑμετέρους προγόνους, ἐξὸν αὐτοῖς τῶν λοιπῶν ἄρχειν Ἑλλήνων ὥστ᾽ αὐτοὺς ὑπακούειν βασιλεῖ, οὐ μόνον οὐκ ἀνασχομένους τὸν λόγον τοῦτον, ἡνίκ᾽ ἦλθεν Ἀλέξανδρος ὁ τούτων πρόγονος περὶ τούτων κῆρυξ, ἀλλὰ καὶ τὴν χώραν ἐκλιπεῖν προελομένους καὶ παθεῖν ὁτιοῦν ὑπομείναντας, καὶ μετὰ ταῦτα πράξαντας ταῦθ᾽ ἃ πάντες ἀεὶ γλίχονται λέγειν, ἀξίως δ᾽ οὐδεὶς εἰπεῖν δεδύνηται, διόπερ κἀγὼ παραλείψω, δικαίως ἔστι γὰρ μείζω τἀκείνων ἔργα ἢ ὡς τῷ λόγῳ τις ἂν εἴποι, τοὺς δὲ Θηβαίων καὶ Ἀργείων προγόνους τοὺς μὲν συστρατεύσαντας τῷ βαρβάρῳ, τοὺς δ᾽ οὐκ ἐναντιωθέντας.

οἶδεν οὖν ἀμφοτέρους ἰδίᾳ τὸ λυσιτελοῦν ἀγαπήσοντας, οὐχ ὅ τι συνοίσει κοινῇ τοῖς ελλησι σκεψομένους. ἡγεῖτ᾽ οὖν, εἰ μὲν ὑμᾶς ἕλοιτο, φίλους ἐπὶ τοῖς δικαίοις αἱρήσεσθαι, εἰ δ᾽ ἐκείνοις προσθεῖτο, συνεργοὺς ἕξειν τῆς αὐτοῦ πλεονεξίας. διὰ ταῦτ᾽ ἐκείνους ἀνθ᾽ ὑμῶν καὶ τότε καὶ νῦν αἱρεῖται. οὐ γὰρ δὴ τριήρεις γ᾽ ὁρᾷ πλείους αὐτοῖς ἢ ὑμῖν οὔσας· οὐδ᾽ ἐν τῇ μεσογείᾳ τιν᾽ ἀρχὴν εὕρηκε, τῆς δ᾽ ἐπὶ τῇ θαλάττῃ καὶ τῶν ἐμπορίων ἀφέστηκεν· οὐδ᾽ ἀμνημονεῖ τοὺς λόγους οὐδὲ τὰς ὑποσχέσεις, ἐφ᾽ αἷς τῆς εἰρήνης ἔτυχεν.

ἀλλὰ νὴ Δί᾽, εἴποι τις ἂν ὡς πάντα ταῦτ᾽ εἰδώς, οὐ πλεονεξίας ἕνεκ᾽ οὐδ᾽ ὧν ἐγὼ κατηγορῶ τότε ταῦτ᾽ ἔπραξεν, ἀλλὰ τῷ δικαιότερα τοὺς Θηβαίους ἢ ὑμᾶς ἀξιοῦν. ἀλλὰ τοῦτον καὶ μόνον πάντων τῶν λόγων οὐκ ἔνεστιν αὐτῷ νῦν εἰπεῖν· ὁ γὰρ Μεσσήνην Λακεδαιμονίους ἀφιέναι κελεύων, πῶς ἂν Ὀρχομενὸν καὶ Κορώνειαν τότε Θηβαίοις παραδοὺς τῷ δίκαια νομίζειν ταῦτ᾽ εἶναι πεποιηκέναι σκήψαιτο

ἀλλ᾽ ἐβιάσθη νὴ Δία ταῦτα γάρ ἐσθ᾽ ὑπόλοιπον καὶ παρὰ γνώμην, τῶν Θετταλῶν ἱππέων καὶ τῶν Θηβαίων ὁπλιτῶν ἐν μέσῳ ληφθείς, συνεχώρησε ταῦτα. καλῶς. οὐκοῦν φασὶ μὲν μέλλειν πρὸς τοὺς Θηβαίους αὐτὸν ὑπόπτως ἔχειν, καὶ λογοποιοῦσιν περιόντες τινὲς ὡς Ἐλάτειαν τειχιεῖ.

ὁ δὲ ταῦτα μὲν μέλλει καὶ μελλήσει γ᾽, ὡς ἐγὼ κρίνω, τοῖς Μεσσηνίοις δὲ καὶ τοῖς Ἀργείοις ἐπὶ τοὺς Λακεδαιμονίους συλλαμβάνειν οὐ μέλλει, ἀλλὰ καὶ ξένους εἰσπέμπει καὶ χρήματ᾽ ἀποστέλλει καὶ δύναμιν μεγάλην ἔχων αὐτός ἐστι προσδόκιμος. τοὺς μὲν ὄντας ἐχθροὺς Θηβαίων Λακεδαιμονίους ἀναιρεῖ, οὓς δ᾽ ἀπώλεσεν αὐτὸς πρότερον Φωκέας νῦν σῴζει καὶ τίς ἂν ταῦτα πιστεύσειεν

ἐγὼ μὲν γὰρ οὐκ ἂν ἡγοῦμαι Φίλιππον, οὔτ᾽ εἰ τὰ πρῶτα βιασθεὶς ἄκων ἔπραξεν, οὔτ᾽ ἂν εἰ νῦν ἀπεγίγνωσκε Θηβαίους, τοῖς ἐκείνων ἐχθροῖς συνεχῶς ἐναντιοῦσθαι, ἀλλ᾽ ἀφ᾽ ὧν νῦν ποιεῖ, κἀκεῖν᾽ ἐκ προαιρέσεως δῆλός ἐστι ποιήσας, ἐκ πάντων δ᾽, ἄν τις ὀρθῶς θεωρῇ, πάνθ᾽ ἃ πραγματεύεται κατὰ τῆς πόλεως συντάττων.

καὶ τοῦτ᾽ ἐξ ἀνάγκης τρόπον τιν᾽ αὐτῷ νῦν γε δὴ συμβαίνει. λογίζεσθε γάρ. ἄρχειν βούλεται, τούτου δ᾽ ἀνταγωνιστὰς μόνους ὑπείληφεν ὑμᾶς. ἀδικεῖ πολὺν ἤδη χρόνον, καὶ τοῦτ᾽ αὐτὸς ἄριστα σύνοιδεν αὑτῷ· οἷς γὰρ

21

οὖσιν ὑμετέροις ἔχει, τούτοις πάντα τἄλλ᾽ ἀσφαλῶς κέκτηται· εἰ γὰρ Ἀμφίπολιν καὶ Ποτείδαιαν προεῖτο, οὐδ᾽ ἂν οἴκοι μένειν βεβαίως ἡγεῖται.

ἀμφότερ᾽ οὖν οἶδε, καὶ αὐτὸν ὑμῖν ἐπιβουλεύοντα καὶ ὑμᾶς αἰσθανομένους· εὖ φρονεῖν δ᾽ ὑμᾶς ὑπολαμβάνων, δικαίως αὐτὸν μισεῖν νομίζει, καὶ παρώξυνται, πείσεσθαί τι προσδοκῶν, ἂν καιρὸν λάβητε, ἂν μὴ φθάσῃ ποιήσας πρότερος.

διὰ ταῦτ᾽ ἐγρήγορεν, ἐφέστηκεν, ἐπὶ τῇ πόλει θεραπεύει τινάς, Θηβαίους καὶ Πελοποννησίων τοὺς ταὐτὰ βουλομένους τούτοις, οὓς διὰ μὲν πλεονεξίαν τὰ παρόντ᾽ ἀγαπήσειν οἴεται, διὰ δὲ σκαιότητα τρόπων τῶν μετὰ ταῦτ᾽ οὐδὲν προόψεσθαι. καίτοι σωφρονοῦσί γε καὶ μετρίως ἐναργῆ παραδείγματ᾽ ἔστιν ἰδεῖν, ἃ καὶ πρὸς Μεσσηνίους καὶ πρὸς Ἀργείους ἔμοιγ᾽ εἰπεῖν συνέβη, βέλτιον δ᾽ ἴσως καὶ πρὸς ὑμᾶς ἐστιν εἰρῆσθαι.

πῶς γὰρ οἴεσθ᾽, ἔφην, ὦ ἄνδρες Μεσσήνιοι, δυσχερῶς ἀκούειν Ὀλυνθίους, εἴ τίς τι λέγοι κατὰ Φιλίππου κατ᾽ ἐκείνους τοὺς χρόνους, ὅτ᾽ Ἀνθεμοῦντα μὲν αὐτοῖς ἀφίει, ἧς πάντες οἱ πρότερον Μακεδονίας βασιλεῖς ἀντεποιοῦντο, Ποτείδαιαν δ᾽ ἐδίδου τοὺς Ἀθηναίων ἀποίκους ἐκβάλλων, καὶ τὴν μὲν ἔχθραν τὴν πρὸς ἡμᾶς αὐτὸς ἀνῄρητο, τὴν χώραν δ᾽ ἐκείνοις ἐδεδώκει καρποῦσθαι ἆρα προσδοκᾶν αὐτοὺς τοιαῦτα πείσεσθαι, ἢ λέγοντος ἄν τινος πιστεῦσαι οἴεσθε

ἀλλ᾽ ὅμως, ἔφην ἐγώ, μικρὸν χρόνον τὴν ἀλλοτρίαν καρπωσάμενοι πολὺν τῆς αὑτῶν ὑπ᾽ ἐκείνου στέρονται, αἰσχρῶς ἐκπεσόντες, οὐ κρατηθέντες μόνον, ἀλλὰ καὶ προδοθέντες ὑπ᾽ ἀλλήλων καὶ πραθέντες· οὐ γὰρ ἀσφαλεῖς ταῖς πολιτείαις αἱ πρὸς τοὺς τυράννους αὗται λίαν ὁμιλίαι.

τί δ᾽ οἱ Θετταλοὶ ἆρ᾽ οἴεσθ᾽, ἔφην, ὅτ᾽ αὐτοῖς τοὺς τυράννους ἐξέβαλλε καὶ πάλιν Νίκαιαν καὶ Μαγνησίαν ἐδίδου, προσδοκᾶν τὴν καθεστῶσαν νῦν δεκαδαρχίαν ἔσεσθαι παρ᾽ αὐτοῖσ ἢ τὸν τὴν πυλαίαν ἀποδόντα, τοῦτον τὰς ἰδίας αὐτῶν προσόδους παραιρήσεσθαι οὐκ ἔστι ταῦτα. ἀλλὰ μὴν γέγονεν ταῦτα καὶ πᾶσιν ἔστιν εἰδέναι·

ὑμεῖς δ᾽, ἔφην ἐγώ, διδόντα μὲν καὶ ὑπισχνούμενον θεωρεῖτε Φίλιππον, ἐξηπατηκότα δ᾽ ἤδη καὶ παρακεκρουμένον ἀπεύχεσθε, εἰ σωφρονεῖτε δή, ἰδεῖν. ἔστι τοίνυν νὴ Δί᾽, ἔφην ἐγώ, παντοδαπὰ εὑρημένα ταῖς πόλεσιν πρὸς φυλακὴν καὶ σωτηρίαν, οἷον χαρακώματα καὶ τείχη καὶ τάφροι καὶ τἄλλ᾽ ὅσα τοιαῦτα.

καὶ ταῦτα μέν ἐστιν ἅπαντα χειροποίητα καὶ δαπάνης προσδεῖται· ἓν δέ τι κοινὸν ἡ φύσις τῶν εὖ φρονούντων ἐν αὑτῇ κέκτηται φυλακτήριον, ὃ πᾶσι μέν ἐστ᾽ ἀγαθὸν καὶ σωτήριον, μάλιστα δὲ τοῖς πλήθεσι πρὸς τοὺς τυράννους. τί οὖν ἐστι τοῦτο ἀπιστία. ταύτην φυλάττετε, ταύτης ἀντέχεσθε· ἂν ταύτην σῴζητε, οὐδὲν μὴ δεινὸν πάθητε. τί ζητεῖτ᾽ ἔφην.

ἐλευθερίαν εἶτ᾽ οὐχ ὁρᾶτε Φίλιππον ἀλλοτριωτάτας ταύτῃ καὶ τὰς προσηγορίας ἔχοντα βασιλεὺς γὰρ καὶ τύραννος ἅπας ἐχθρὸς ἐλευθερίᾳ καὶ νόμοις ἐναντίος. οὐ φυλάξεσθ᾽ ὅπως, ἔφην, μὴ πολέμου ζητοῦντες ἀπαλλαγῆναι δεσπότην εὕρητε

ταῦτ᾽ ἀκούσαντες ἐκεῖνοι, καὶ θορυβοῦντες ὡς ὀρθῶς λέγεται, καὶ πολλοὺς ἑτέρους λόγους παρὰ τῶν πρέσβεων καὶ παρόντος ἐμοῦ καὶ πάλιν ὕστερον, ὡς ἔοικεν, οὐδὲν μᾶλλον ἀποσχήσονται τῆς Φιλίππου φιλίας οὐδ᾽ ὧν ἐπαγγέλλεται.

καὶ οὐ τοῦτ᾽ ἔστ᾽ ἄτοπον, εἰ Μεσσήνιοι καὶ Πελοποννησίων τινὲς παρ᾽ ἃ τῷ λογισμῷ βέλτισθ᾽ ὁρῶσί τι πράξουσιν, ἀλλ᾽ ὑμεῖς οἱ καὶ συνιέντες αὐτοὶ καὶ τῶν λεγόντων ἀκούοντες ἡμῶν, ὡς ἐπιβουλεύεσθε, ὡς περιστοιχίζεσθε, ἐκ τοῦ μηδὲν ἤδη ποιῆσαι λήσεθ᾽, ὡς ἐμοὶ δοκεῖ, πάνθ᾽ ὑπομείναντες· οὕτως ἡ παραυτίχ᾽ ἡδονὴ καὶ ῥᾳστώνη μεῖζον ἰσχύει τοῦ ποθ᾽ ὕστερον συνοίσειν μέλλοντος.

περὶ μὲν δὴ τῶν ἡμῖν πρακτέων καθ᾽ ὑμᾶς αὐτοὺς ὕστερον βουλεύσεσθε, ἂν σωφρονῆτε· ἃ δὲ νῦν ἀποκρινάμενοι τὰ δέοντ᾽ ἂν εἴητ᾽ ἐψηφισμένοι, ταῦτ᾽ ἤδη λέξω.ἀπόκρισιςῆν μὲν οὖν δίκαιον, ὦ ἄνδρες Ἀθηναῖοι, τοὺς ἐνεγκόντας τὰς ὑποσχέσεις, ἐφ᾽ αἷς ἐπείσθητε ποιήσασθαι τὴν εἰρήνην, καλεῖν·

οὔτε γὰρ αὐτὸς ἄν ποθ᾽ ὑπέμεινα πρεσβεύειν, οὔτ᾽ ἂν ὑμεῖς οἶδ᾽ ὅτι ἐπαύσασθε πολεμοῦντες, εἰ τοιαῦτα πράξειν τυχόντ᾽ εἰρήνης Φίλιππον ᾤεσθε· ἀλλ᾽ ἦν πολὺ τούτων ἀφεστηκότα τὰ τότε λεγόμενα. καὶ πάλιν γ᾽ ἑτέρους καλεῖν. τίνασ τοὺς ὅτ᾽ ἐγὼ γεγονυίας ἤδη τῆς εἰρήνης ἀπὸ τῆς ὑστέρας ἥκων πρεσβείας τῆς ἐπὶ τοὺς ὅρκους, αἰσθόμενος φενακιζομένην τὴν πόλιν, προὔλεγον καὶ διεμαρτυρόμην καὶ οὐκ εἴων προέσθαι Πύλας οὐδὲ Φωκέας,

λέγοντας ὡς ἐγὼ μὲν ὕδωρ πίνων εἰκότως δύστροπος καὶ δύσκολός εἰμί τις ἄνθρωπος, Φίλιππος δ᾽, ἅπερ εὔξαισθ᾽ ἂν ὑμεῖς, ἂν παρέλθῃ, πράξει, καὶ Θεσπιὰς μὲν καὶ Πλαταιὰς τειχιεῖ, Θηβαίους δὲ παύσει τῆς ὕβρεως, Χερρόνησον δὲ τοῖς αὑτοῦ τέλεσιν διορύξει, εὔβοιαν δὲ καὶ τὸν Ὠρωπὸν ἀντ᾽ Ἀμφιπόλεως ὑμῖν ἀποδώσει· ταῦτα γὰρ ἅπαντ᾽ ἐπὶ τοῦ βήματος ἐνταῦθα μνημονεύετ᾽ οἶδ᾽ ὅτι ῥηθέντα, καίπερ ὄντες οὐ δεινοὶ τοὺς ἀδικοῦντας μεμνῆσθαι.

καὶ τὸ πάντων αἴσχιστον, καὶ τοῖς ἐκγόνοις πρὸς τὰς ἐλπίδας τὴν αὐτὴν εἰρήνην εἶναι ταύτην ἐψηφίσασθε· οὕτω τελέως ὑπήχθητε. τί δὴ ταῦτα νῦν λέγω καὶ καλεῖν φημι δεῖν τούτουσ ἐγὼ νὴ τοὺς θεοὺς τἀληθῆ μετὰ παρρησίας ἐρῶ πρὸς ὑμᾶς καὶ οὐκ ἀποκρύψομαι·

οὐχ ἵν᾽ εἰς λοιδορίαν ἐμπεσὼν ἐμαυτῷ μὲν ἐξ ἴσου λόγον παρ᾽ ὑμῖν ποιήσω, τοῖς δ᾽ ἐμοὶ προσκρούσασιν ἐξ ἀρχῆς καὶ νῦν παράσχω πρόφασιν τοῦ πάλιν τι λαβεῖν παρὰ Φιλίππου, οὐδ᾽ ἵν᾽ ὡς ἄλλως ἀδολεσχῶ· ἀλλ᾽ οἴομαί ποθ᾽ ὑμᾶς λυπήσειν ἃ Φίλιππος πράττει μᾶλλον ἢ τὰ νυνί·

τὸ γὰρ πρᾶγμ᾽ ὁρῶ προβαῖνον, καὶ οὐχὶ βουλοίμην ἂν εἰκάζειν ὀρθῶς, φοβοῦμαι δὲ μὴ λίαν ἐγγὺς ᾖ τοῦτ᾽ ἤδη. ὅταν οὖν μηκέθ᾽ ὑμῖν ἀμελεῖν ἐξουσία γίγνηται τῶν συμβαινόντων, μηδ᾽ ἀκούηθ᾽ ὅτι ταῦτ᾽ ἐφ᾽ ὑμᾶς ἐστιν ἐμοῦ μηδὲ τοῦ δεῖνος, ἀλλ᾽ αὐτοὶ πάντες ὁρᾶτε καὶ εὖ εἰδῆτε, ὀργίλους καὶ τραχεῖς ὑμᾶς ἔσεσθαι νομίζω.

φοβοῦμαι δὴ μή, τῶν πρέσβεων σεσιωπηκότων ἐφ᾽ οἷς αὐτοῖς συνίσασι δεδωροδοκηκότες, τοῖς ἐπανορθοῦν τι πειρωμένοις τῶν διὰ τούτους ἀπολωλότων τῇ παρ᾽ ὑμῶν ὀργῇ περιπεσεῖν συμβῇ· ὁρῶ γὰρ ὡς τὰ πόλλ᾽ ἐνίους οὐκ εἰς τοὺς αἰτίους, ἀλλ᾽ εἰς τοὺς ὑπὸ χεῖρα μάλιστα τὴν ὀργὴν ἀφιέντας.

ἕως οὖν ἔτι μέλλει καὶ συνίσταται τὰ πράγματα καὶ κατακούομεν ἀλλήλων, ἕκαστον ὑμῶν καίπερ ἀκριβῶς εἰδόθ᾽ ὅμως ἐπαναμνῆσαι βούλομαι, τίς ὁ Φωκέας πείσας καὶ Πύλας προέσθαι, ὧν καταστὰς ἐκεῖνος κύριος τῆς ἐπὶ τὴν Ἀττικὴν ὁδοῦ καὶ τῆς εἰς Πελοπόννησον κύριος γέγονεν, καὶ πεποίηχ᾽ ὑμῖν μὴ περὶ τῶν δικαίων μηδ᾽ ὑπὲρ τῶν ἔξω πραγμάτων εἶναι τὴν βουλήν, ἀλλ᾽ ὑπὲρ τῶν ἐν τῇ χώρᾳ καὶ τοῦ πρὸς τὴν Ἀττικὴν πολέμου, ὃς λυπήσει μὲν ἕκαστον, ἐπειδὰν παρῇ, γέγονεν δ᾽ ἐν ἐκείνῃ τῇ ἡμέρᾳ.

εἰ γὰρ μὴ παρεκρούσθητε τόθ᾽ ὑμεῖς, οὐδὲν ἂν ἦν τῇ πόλει πρᾶγμα· οὔτε γὰρ ναυσὶ δήπου κρατήσας εἰς τὴν Ἀττικὴν ἦλθεν ἄν ποτε στόλῳ Φίλιππος, οὔτε πεζῇ βαδίζων ὑπὲρ τὰς Πύλας καὶ Φωκέας, ἀλλ᾽ ἢ τὰ δίκαι᾽ ἂν ἐποίει καὶ τὴν εἰρήνην ἄγων ἡσυχίαν εἶχεν, ἢ παραχρῆμ᾽ ἂν ἦν ἐν ὁμοίῳ πολέμῳ δι᾽ ὃν τότε τῆς εἰρήνης ἐπεθύμησεν.

ταῦτ᾿ οὖν, ὡς μὲν ὑπομνῆσαι, νῦν ἱκανῶς εἴρηται, ὡς δ᾿ ἂν ἐξετασθείη μάλιστ᾿ ἀκριβῶς, μὴ γένοιτ᾿, ὦ πάντες θεοί· οὐδένα γὰρ βουλοίμην ἔγωγ᾿ ἄν, οὐδ᾿ εἰ δίκαιός ἐστ᾿ ἀπολωλέναι, μετὰ τοῦ πάντων κινδύνου καὶ τῆς ζημίας δίκην ὑποσχεῖν.

Φιλιππικός Γ´

Οὐχὶ ταὐτὰ παρίσταταί μοι γιγνώσκειν, ὦ ἄνδρες Ἀθηναῖοι, ὅταν τ᾿ εἰς τὰ πράγματ᾿ ἀποβλέψω καὶ ὅταν πρὸς τοὺς λόγους οὓς ἀκούω· τοὺς μὲν γὰρ λόγους περὶ τοῦ τιμωρήσασθαι Φίλιππον ὁρῶ γιγνομένους, τὰ δὲ πράγματ᾿ εἰς τοῦτο προήκοντα, ὥσθ᾿ ὅπως μὴ πεισόμεθ᾿ αὐτοὶ πρότερον κακῶς σκέψασθαι δέον. οὐδὲν οὖν ἄλλο μοι δοκοῦσιν οἱ τὰ τοιαῦτα λέγοντες ἢ τὴν ὑπόθεσιν, περὶ ἧς βουλεύεσθε, οὐχὶ τὴν οὖσαν παριστάντες ὑμῖν ἁμαρτάνειν. ἐγὼ δέ, ὅτι μέν ποτ᾿ ἐξῆν τῇ πόλει καὶ τὰ αὑτῆς ἔχειν ἀσφαλῶς καὶ Φίλιππον τιμωρήσασθαι, καὶ μάλ᾿ ἀκριβῶς οἶδα· ἐπ᾿ ἐμοῦ γάρ, οὐ πάλαι γέγονεν ταῦτ᾿ ἀμφότερα· νῦν μέντοι πέπεισμαι τοῦθ᾿ ἱκανὸν προλαβεῖν ἡμῖν εἶναι τὴν πρώτην, ὅπως τοὺς συμμάχους σώσομεν. ἐὰν γὰρ τοῦτο βεβαίως ὑπάρξῃ, τότε καὶ περὶ τοῦ τίνα τιμωρήσεταί τις καὶ ὃν τρόπον ἐξέσται σκοπεῖν· πρὶν δὲ τὴν ἀρχὴν ὀρθῶς ὑποθέσθαι, μάταιον ἡγοῦμαι περὶ τῆς τελευτῆς ὁντινοῦν ποιεῖσθαι λόγον. Ὁ μὲν οὖν παρὼν καιρός, εἴπερ ποτέ, πολλῆς φροντίδος καὶ βουλῆς δεῖται· ἐγὼ δ᾿ οὐχ ὅ τι χρὴ περὶ τῶν παρόντων συμβουλεῦσαι χαλεπώτατον ἡγοῦμαι, ἀλλ᾿ ἐκεῖν᾿ ἀπορῶ, τίνα χρὴ τρόπον, ὦ ἄνδρες Ἀθηναῖοι, πρὸς ὑμᾶς περὶ αὐτῶν εἰπεῖν. πέπεισμαι γὰρ ἐξ ὧν παρὼν καὶ ἀκούων σύνοιδα, τὰ πλείω τῶν πραγμάτων ἡμᾶς ἐκπεφευγέναι τῷ μὴ βούλεσθαι τὰ δέοντα ποιεῖν ἢ τῷ μὴ συνιέναι. ἀξιῶ δ᾿ ὑμᾶς, ἂν μετὰ παρρησίας ποιῶμαι τοὺς λόγους,

ὑπομένειν, τοῦτο θεωροῦντας, εἰ τἀληθῆ λέγω, καὶ διὰ
τοῦτο, ἵνα τὰ λοιπὰ βελτίω γένηται· ὁρᾶτε γὰρ ὡς ἐκ τοῦ
πρὸς χάριν δημηγορεῖν

ἐνίους εἰς πᾶν προελήλυθε μοχθηρίας τὰ παρόντα.

Ἀναγκαῖον δ᾽ ὑπολαμβάνω μικρὰ τῶν γεγενημένων
πρῶτον ὑμᾶς ὑπομνῆσαι. μέμνησθ᾽, ὦ ἄνδρες Ἀθηναῖοι,
ὅτ᾽ ἀπηγγέλθη Φίλιππος ὑμῖν ἐν Θρᾴκη τρίτον ἢ τέταρτον
ἔτος τουτὶ Ἡραῖον τεῖχος πολιορκῶν. τότε τοίνυν μὴν μὲν
ἦν μαιμακτηριών· πολλῶν δὲ λόγων καὶ θορύβου
γιγνομένου παρ᾽ ὑμῖν ἐψηφίσασθε τετταράκοντα τριήρεις
καθέλκειν καὶ τοὺς μέχρι πέντε καὶ τετταράκοντ᾽ ἐτῶν
αὐτοὺς ἐμβαίνειν καὶ τάλανθ᾽ ἑξήκοντ᾽ εἰσφέρειν. καὶ
μετὰ ταῦτα διελθόντος τοῦ ἐνιαυτοῦ τούτου ἑκατομβαιῶν,
μεταγειτνιῶν, βοηδρομιῶν· τούτου τοῦ μηνὸς μόγις μετὰ
τὰ μυστήρια δέκα ναῦς ἀπεστείλατ᾽ ἔχοντα κενὰς
Χαρίδημον καὶ πέντε τάλαντ᾽ ἀργυρίου. ὡς γὰρ ἠγγέλθη
Φίλιππος ἀσθενῶν ἢ τεθνεώς (ἦλθε γὰρ ἀμφότερα),
οὐκέτι καιρὸν οὐδένα τοῦ βοηθεῖν νομίσαντες ἀφεῖτ᾽, ὦ
ἄνδρες Ἀθηναῖοι, τὸν ἀπόστολον. ἦν δ᾽ οὗτος ὁ καιρὸς
αὐτός· εἰ γὰρ τότ᾽ ἐκεῖς᾽ ἐβοηθήσαμεν, ὥσπερ
ἐψηφισάμεθα, προθύμως, οὐκ ἂν ἠνώχλει νῦν ἡμῖν ὁ
Φίλιππος σωθείς. Τὰ μὲν δὴ τότε πραχθέντ᾽ οὐκ ἂν ἄλλως
ἔχοι· νῦν δ᾽ ἑτέρου πολέμου καιρὸς ἥκει τις, δι᾽ ὃν καὶ περὶ
τούτων ἐμνήσθην, ἵνα μὴ ταὐτὰ πάθητε. τί δὴ χρησόμεθ᾽,
ὦ ἄνδρες Ἀθηναῖοι, τούτῳ; εἰ γὰρ μὴ βοηθήσετε παντὶ
σθένει κατὰ τὸ δυνατόν, θεάσασθ᾽ ὃν τρόπον ὑμεῖς
ἐστρατηγηκότες πάντ᾽ ἔσεσθ᾽ ὑπὲρ Φιλίππου. ὑπῆρχον
Ὀλύνθιοι δύναμίν τινα κεκτημένοι, καὶ διέκειθ᾽ οὕτω τὰ
πράγματα· οὔτε Φίλιππος ἐθάρρει τούτους οὔθ᾽ οὗτοι
Φίλιππον. ἐπράξαμεν ἡμεῖς κἀκεῖνοι πρὸς ἡμᾶς εἰρήνην·
ἦν τοῦθ᾽ ὥσπερ ἐμπόδισμά τι τῷ Φιλίππῳ καὶ δυσχερές,
πόλιν μεγάλην ἐφορμεῖν τοῖς ἑαυτοῦ καιροῖς
διηλλαγμένην πρὸς ἡμᾶς. ἐκπολεμῶσαι δεῖν ᾠόμεθα τοὺς

ἀνθρώπους ἐκ παντὸς τρόπου, καὶ ὃ πάντες ἐθρύλουν, πέπρακται νυνὶ τοῦθ᾽ ὁπωσδήποτε. τί οὖν ὑπόλοιπον, ὦ ἄνδρες Ἀθηναῖοι, πλὴν βοηθεῖν ἐρρωμένως καὶ προθύμως; ἐγὼ μὲν οὐχ ὁρῶ· χωρὶς γὰρ τῆς περιστάσης ἂν ἡμᾶς αἰσχύνης, εἰ καθυφείμεθά τι τῶν πραγμάτων, οὐδὲ τὸν φόβον, ὦ ἄνδρες Ἀθηναῖοι, μικρὸν ὁρῶ τὸν τῶν μετὰ ταῦτα, ἐχόντων μὲν ὡς ἔχουσι Θηβαίων ἡμῖν, ἀπειρηκότων δὲ χρήμασι Φωκέων, μηδενὸς δ᾽ ἐμποδὼν ὄντος Φιλίππῳ τὰ παρόντα καταστρεψαμένῳ πρὸς ταῦτ᾽ ἐπικλῖναι τὰ πράγματα. ἀλλὰ μὴν εἴ τις ὑμῶν εἰς τοῦτ᾽ ἀναβάλλεται ποιήσειν τὰ δέοντα, ἰδεῖν ἐγγύθεν βούλεται τὰ δεινά, ἐξὸν ἀκούειν ἄλλοθι γιγνόμενα, καὶ βοηθοὺς ἑαυτῷ ζητεῖν, ἐξὸν νῦν ἑτέροις αὐτὸν βοηθεῖν· ὅτι γὰρ εἰς τοῦτο περιστήσεται τὰ πράγματα, ἐὰν τὰ παρόντα προώμεθα, σχεδὸν ἴσμεν ἅπαντες δήπου.

, Ἀλλ᾽ ὅτι μὲν δὴ δεῖ βοηθεῖν, εἴποι τις ἄν, πάντες ἐγνώκαμεν, καὶ βοηθήσομεν· τὸ δ᾽ ὅπως, τοῦτο λέγε. μὴ τοίνυν, ὦ ἄνδρες Ἀθηναῖοι, θαυμάσητε, ἂν παράδοξον εἴπω τι τοῖς πολλοῖς. νομοθέτας καθίσατε. ἐν δὲ τούτοις τοῖς νομοθέταις μὴ θῆσθε νόμον μηδένα (εἰσὶ γὰρ ὑμῖν ἱκανοί), ἀλλὰ τοὺς εἰς τὸ παρὸν βλάπτοντας ὑμᾶς λύσατε. λέγω τοὺς περὶ τῶν θεωρικῶν, σαφῶς οὑτωσί, καὶ τοὺς περὶ τῶν στρατευομένων ἐνίους, ὧν οἱ μὲν τὰ στρατιωτικὰ τοῖς οἴκοι μένουσι διανέμουσι θεωρικά, οἱ δὲ τοὺς ἀτακτοῦντας ἀθῴους καθιστᾶσιν, εἶτα καὶ τοὺς τὰ δέοντα ποιεῖν βουλομένους ἀθυμοτέρους ποιοῦσιν. ἐπειδὰν δὲ ταῦτα λύσητε καὶ τὴν τοῦ τὰ βέλτιστα λέγειν ὁδὸν παράσχητ᾽ ἀσφαλῆ, τηνικαῦτα τὸν γράψονθ᾽ ἃ πάντες ἴσθ᾽ ὅτι συμφέρει ζητεῖτε. πρὶν δὲ ταῦτα πρᾶξαι, μὴ σκοπεῖτε τίς εἰπὼν τὰ βέλτισθ᾽ ὑπὲρ ὑμῶν ὑφ᾽ ὑμῶν ἀπολέσθαι βουλήσεται· οὐ γὰρ εὑρήσετε, ἄλλως τε καὶ τούτου μόνου περιγίγνεσθαι μέλλοντος, παθεῖν ἀδίκως τι κακὸν τὸν ταῦτ᾽ εἰπόντα καὶ γράψαντα, μηδὲν δ᾽ ὠφελῆσαι τὰ πράγματα, ἀλλὰ καὶ εἰς τὸ λοιπὸν μᾶλλον ἔτ ἢ νῦν τὸ τὰ βέλτιστα λέγειν φοβερώτερον ποιῆσαι. καὶ λύειν γ᾿, ὦ ἄνδρες Ἀθηναῖοι, τοὺς νόμους δεῖ τούτους τοὺς αὐτοὺς ἀξιοῦν οἵπερ καὶ τεθήκασιν· οὐ γάρ ἐστι δίκαιον, τὴν μὲν χάριν, ἣ πᾶσαν ἔβλαπτε τὴν πόλιν, τοῖς τότε θεῖσιν ὑπάρχειν, τὴν δ᾿ ἀπέχθειαν, δι᾿ ἧς ἂν ἅπαντες ἄμεινον πράξαιμεν, τῷ νῦν τὰ βέλτιστ᾿ εἰπόντι ζημίαν γενέσθαι. πρὶν δὲ ταῦτ᾿ εὐτρεπίσαι, μηδαμῶς, ὦ ἄνδρες Ἀθηναῖοι, μηδέν᾿ ἀξιοῦτε τηλικοῦτον εἶναι παρ᾿ ὑμῖν ὥστε τοὺς νόμους τούτους παραβάντα μὴ δοῦναι δίκην, μηδ᾿ οὕτως ἀνόητον ὥστ᾿ εἰς προῦπτον κακὸν αὑτὸν ἐμβαλεῖν. Οὐ μὴν οὐδ᾿ ἐκεῖνό γ᾿ ὑμᾶς ἀγνοεῖν δεῖ, ὦ ἄνδρες Ἀθηναῖοι, ὅτι ψήφισμ᾿ οὐδενὸς ἄξιόν ἐστιν, ἂν μὴ προσγένηται τὸ ποιεῖν ἐθέλειν τά γε δόξαντα προθύμως {ὑμᾶς}. εἰ γὰρ αὐτάρκη τὰ ψηφίσματ᾿ ἦν ἢ ὑμᾶς ἀναγκάζειν ἃ προσήκει πράττειν ἢ περὶ ὧν γραφείη διαπράξασθαι, οὔτ᾿ ἂν ὑμεῖς πολλὰ ψηφιζόμενοι μικρά, μᾶλλον δ᾿ οὐδὲν ἐπράττετε τούτων, οὔτε Φίλιππος τοσοῦτον ὑβρίκει χρόνον· πάλαι γὰρ ἂν εἵνεκά γε ψηφισμάτων ἐδεδώκει δίκην. ἀλλ᾿ οὐχ οὕτω ταῦτ᾿ ἔχει· τὸ γὰρ πράττειν τοῦ λέγειν καὶ χειροτονεῖν ὕστερον ὂν τῇ τάξει, πρότερον τῇ δυνάμει καὶ κρεῖττόν ἐστιν. τοῦτ᾿ οὖν δεῖ προσεῖναι, τὰ δ᾿ ἄλλ᾿ ὑπάρχει· καὶ γὰρ εἰπεῖν τὰ δέοντα παρ᾿ ὑμῖν εἰσιν, ὦ ἄνδρες Ἀθηναῖοι, δυνάμενοι, καὶ γνῶναι πάντων ὑμεῖς ὀξύτατοι τὰ ῥηθέντα, καὶ πρᾶξαι δὲ δυνήσεσθε νῦν, ἐὰν ὀρθῶς ποιῆτε. τίνα γὰρ χρόνον ἢ τίνα καιρόν, ὦ ἄνδρες Ἀθηναῖοι, τοῦ παρόντος βελτίω ζητεῖτε; ἢ πόθ᾿ ἃ δεῖ πράξετ᾿, εἰ μὴ νῦν; οὐχ ἅπαντα μὲν ἡμῶν προείληφε τὰ χωρί᾿ ἅνθρωπος, εἰ δὲ καὶ ταύτης κύριος τῆς χώρας γενήσεται, πάντων αἴσχιστα πεισόμεθα; οὐχ οὕς, εἰ πολεμήσαιεν, ἑτοίμως σώσειν ὑπισχνούμεθα, οὗτοι νῦν πολεμοῦσιν; οὐκ ἐχθρός; οὐκ ἔχων τὰ ἡμέτερα; οὐ βάρβαρος; οὐχ ὅ τι ἂν εἴποι τις; ἀλλὰ πρὸς θεῶν πάντ᾿ ἐάσαντες καὶ μόνον οὐχὶ συγκατασκευάσαντες αὐτῷ, τότε τοὺς αἰτίους οἵτινες τούτων ζητήσομεν; οὐ γὰρ αὐτοί γ᾿

αἴτιοι φήσομεν εἶναι, σαφῶς οἶδα τοῦτ᾽ ἐγώ. οὐδὲ γὰρ ἐν τοῖς τοῦ πολέμου κινδύνοις τῶν φυγόντων οὐδεὶς ἑαυτοῦ κατηγορεῖ, ἀλλὰ τοῦ στρατηγοῦ καὶ τῶν πλησίον καὶ πάντων μᾶλλον, ἥττηνται δ᾽ ὅμως διὰ πάντας τοὺς φυγόντας δήπου· μένειν γὰρ ἐξῆν τῷ κατηγοροῦντι τῶν ἄλλων, εἰ δὲ τοῦτ᾽ ἐποίει ἕκαστος, ἐνίκων ἄν. καὶ νῦν, οὐ λέγει τις τὰ βέλτιστα· ἀναστὰς ἄλλος εἰπάτω, μὴ τοῦτον αἰτιάσθω. ἕτερος λέγει τις βελτίω· ταῦτα ποιεῖτ᾽ ἀγαθῇ τύχῃ. ἀλλ᾽ οὐχ ἡδέα ταῦτα· οὐκέτι τοῦθ᾽ ὁ λέγων ἀδικεῖ— πλὴν εἰ δέον εὔξασθαι παραλείπει. εὔξασθαι μὲν γάρ, ὦ ἄνδρες Ἀθηναῖοι, ῥᾴδιον, εἰς ταὐτὸ πάνθ᾽ ὅσα βούλεταί τις ἀθροίσαντ᾽ ἐν ὀλίγῳ· ἑλέσθαι δ᾽, ὅταν περὶ πραγμάτων προτεθῇ σκοπεῖν, οὐκέθ᾽ ὁμοίως εὔπορον, ἀλλὰ δεῖ τὰ βέλτιστ᾽ ἀντὶ τῶν ἡδέων, ἂν μὴ συναμφότερ᾽ ἐξῇ, λαμβάνειν. εἰ δέ τις ἡμῖν ἔχει καὶ τὰ θεωρικὰ ἐᾶν καὶ πόρους ἑτέρους λέγειν στρατιωτικούς, οὐχ οὗτος κρείττων; εἴποι τις ἄν. φήμ᾽ ἔγωγε, εἴπερ ἔστιν, ὦ ἄνδρες Ἀθηναῖοι· ἀλλὰ θαυμάζω εἴ τῳ ποτ᾽ ἀνθρώπων ἢ γέγονεν ἢ γενήσεται, ἂν τὰ παρόντ᾽ ἀναλώσῃ πρὸς ἃ μὴ δεῖ, τῶν ἀπόντων εὐπορῆσαι πρὸς ἃ δεῖ. ἀλλ᾽, οἶμαι, μέγα τοῖς τοιούτοις ὑπάρχει λόγοις ἡ παρ᾽ ἑκάστου βούλησις, διόπερ ῥᾷστον ἁπάντων ἐστὶν αὑτὸν ἐξαπατῆσαι· ὃ γὰρ βούλεται, τοῦθ᾽ ἕκαστος καὶ οἴεται, τὰ δὲ πράγματα πολλάκις οὐχ οὕτω πέφυκεν.

ὁρᾶτ᾽ οὖν, ὦ ἄνδρες Ἀθηναῖοι, ταῦθ᾽ οὕτως, ὅπως καὶ τὰ πράγματ᾽ ἐνδέχεται καὶ δυνήσεσθ᾽ ἐξιέναι καὶ μισθὸν ἕξετε. οὔ τοι σωφρόνων οὐδὲ γενναίων ἐστὶν ἀνθρώπων, ἐλλείποντάς τι δι᾽ ἔνδειαν χρημάτων τῶν τοῦ πολέμου εὐχερῶς τὰ τοιαῦτ᾽ ὀνείδη φέρειν, οὐδ᾽ ἐπὶ μὲν Κορινθίους καὶ Μεγαρέας ἁρπάσαντας τὰ ὅπλα πορεύεσθαι, Φίλιππον δ᾽ ἐᾶν πόλεις Ἑλληνίδας ἀνδραποδίζεσθαι δι᾽ ἀπορίαν ἐφοδίων τοῖς στρατευομένοις. Καὶ ταῦτ᾽ οὐχ ἵν᾽ ἀπέχθωμαί τισιν ὑμῶν, τὴν ἄλλως προῄρημαι λέγειν· οὐ γὰρ οὕτως ἄφρων οὐδ᾽ ἀτυχής εἰμ᾽ ἐγὼ ὥστ᾽

ἀπεχθάνεσθαι βούλεσθαι μηδὲν ὠφελεῖν νομίζων· ἀλλὰ δικαίου πολίτου κρίνω τὴν τῶν πραγμάτων σωτηρίαν ἀντὶ τῆς ἐν τῷ λέγειν χάριτος αἱρεῖσθαι. καὶ γὰρ τοὺς ἐπὶ τῶν προγόνων ἡμῶν λέγοντας ἀκούω, ὥσπερ ἴσως καὶ ὑμεῖς, οὓς ἐπαινοῦσι μὲν οἱ παριόντες ἅπαντες, μιμοῦνται δ' οὐ πάνυ, τούτῳ τῷ ἔθει καὶ τῷ τρόπῳ τῆς πολιτείας χρῆσθαι, τὸν Ἀριστείδην ἐκεῖνον, τὸν Νικίαν, τὸν ὁμώνυμον ἐμαυτῷ, τὸν Περικλέα. ἐξ οὗ δ' οἱ διερωτῶντες ὑμᾶς οὗτοι πεφήνασι ῥήτορες 'τί βούλεσθε; τί γράψω; τί ὑμῖν χαρίσωμαι;' προπέποται τῆς παραυτίκα χάριτος τὰ τῆς πόλεως πράγματα, καὶ τοιαυτὶ συμβαίνει, καὶ τὰ μὲν τούτων πάντα καλῶς ἔχει, τὰ δ' ὑμέτερ' αἰσχρῶς. καίτοι σκέψασθ', ὦ ἄνδρες Ἀθηναῖοι, ἅ τις ἂν κεφάλαι' εἰπεῖν ἔχοι τῶν τ' ἐπὶ τῶν προγόνων ἔργων καὶ τῶν ἐφ' ὑμῶν. ἔσται δὲ βραχὺς καὶ γνώριμος ὑμῖν ὁ λόγος· οὐ γὰρ ἀλλοτρίοις ὑμῖν χρωμένοις παραδείγμασιν, ἀλλ' οἰκείοις, ὦ ἄνδρες Ἀθηναῖοι, εὐδαίμοσιν ἔξεστι γενέσθαι. ἐκεῖνοι τοίνυν, οἷς οὐκ ἐχαρίζονθ' οἱ λέγοντες οὐδ' ἐφίλουν αὐτοὺς ὥσπερ ὑμᾶς οὗτοι νῦν, πέντε μὲν καὶ τετταράκοντ' ἔτη τῶν Ἑλλήνων ἦρξαν ἑκόντων, πλείω δ' ἢ μύρια τάλαντ' εἰς τὴν ἀκρόπολιν ἀνήγαγον, ὑπήκουε δ' ὁ ταύτην τὴν χώραν ἔχων αὐτοῖς βασιλεύς, ὥσπερ ἐστὶ προσῆκον βάρβαρον Ἕλλησι, πολλὰ δὲ καὶ καλὰ καὶ πεζῇ καὶ ναυμαχοῦντες ἔστησαν τρόπαι' αὐτοὶ στρατευόμενοι, μόνοι δ' ἀνθρώπων κρείττω τὴν ἐπὶ τοῖς ἔργοις δόξαν τῶν φθονούντων κατέλιπον. ἐπὶ μὲν δὴ τῶν Ἑλληνικῶν ἦσαν τοιοῦτοι· ἐν δὲ τοῖς κατὰ τὴν πόλιν αὐτὴν θεάσασθ' ὁποῖοι, ἔν τε τοῖς κοινοῖς κἂν τοῖς ἰδίοις. δημοσίᾳ μὲν τοίνυν οἰκοδομήματα καὶ κάλλη τοιαῦτα καὶ τοσαῦτα κατεσκεύασαν ἡμῖν ἱερῶν καὶ τῶν ἐν τούτοις ἀναθημάτων, ὥστε μηδενὶ τῶν ἐπιγιγνομένων ὑπερβολὴν λελεῖφθαι· ἰδίᾳ δ' οὕτω σώφρονες ἦσαν καὶ σφόδρ' ἐν τῷ τῆς πολιτείας ἤθει μένοντες, ὥστε τὴν Ἀριστείδου καὶ τὴν Μιλτιάδου καὶ τῶν τότε λαμπρῶν οἰκίαν εἴ τις ἄρ' οἶδεν

ὑμῶν ὁποία ποτ᾽ ἐστίν, ὁρᾷ τῆς τοῦ γείτονος οὐδὲν
σεμνοτέραν οὖσαν· οὐ γὰρ εἰς περιουσίαν ἐπράττετ᾽
αὐτοῖς τὰ τῆς πόλεως, ἀλλὰ τὸ κοινὸν αὔξειν ἕκαστος
ᾤετο δεῖν. ἐκ δὲ τοῦ τὰ μὲν Ἑλληνικὰ πιστῶς, τὰ δὲ πρὸς
τοὺς θεοὺς εὐσεβῶς, τὰ δ᾽ ἐν αὑτοῖς ἴσως διοικεῖν μεγάλην
εἰκότως ἐκτήσαντ᾽ εὐδαιμονίαν. τότε μὲν δὴ τοῦτον τὸν
τρόπον εἶχε τὰ πράγματ᾽ ἐκείνοις, χρωμένοις οἷς εἶπον
προστάταις· νυνὶ δὲ πῶς ἡμῖν ὑπὸ τῶν χρηστῶν τούτων τὰ
πράγματ᾽ ἔχει; ἆρά γ᾽ ὁμοίως ἢ παραπλησίως; οἷς —τὰ
μὲν ἄλλα σιωπῶ, πόλλ᾽ ἂν ἔχων εἰπεῖν, ἀλλ᾽ ὅσης
ἅπαντες ὁρᾶτ᾽ ἐρημίας ἐπειλημμένοι, {καὶ}
Λακεδαιμονίων μὲν ἀπολωλότων, Θηβαίων δ᾽ ἀσχόλων
ὄντων, τῶν δ᾽ ἄλλων οὐδενὸς ὄντος ἀξιόχρεω περὶ τῶν
πρωτείων ἡμῖν ἀντιτάξασθαι, ἐξὸν δ᾽ ἡμῖν καὶ τὰ ἡμέτερ᾽
αὐτῶν ἀσφαλῶς ἔχειν καὶ τὰ τῶν ἄλλων δίκαια
βραβεύειν, ἀπεστερήμεθα μὲν χώρας οἰκείας, πλείω δ᾽ ἢ
χίλια καὶ πεντακόσια τάλαντ᾽ ἀνηλώκαμεν εἰς οὐδὲν
δέον, οὓς δ᾽ ἐν τῷ πολέμῳ συμμάχους ἐκτησάμεθα,
εἰρήνης οὔσης ἀπολωλέκασιν οὗτοι, ἐχθρὸν δ᾽ ἐφ᾽ ἡμᾶς
αὐτοὺς τηλικοῦτον ἠσκήκαμεν. ἢ φρασάτω τις ἐμοὶ
παρελθών, πόθεν ἄλλοθεν ἰσχυρὸς γέγονεν ἢ παρ᾽ ἡμῶν
αὐτῶν Φίλιππος. ἀλλ᾽, ὦ τᾶν, εἰ ταῦτα φαύλως, τά γ᾽ ἐν
αὐτῇ τῇ πόλει νῦν ἄμεινον ἔχει. καὶ τί ἂν εἰπεῖν τις ἔχοι;
τὰς ἐπάλξεις ἃς κονιῶμεν, καὶ τὰς ὁδοὺς ἃς
ἐπισκευάζομεν, καὶ κρήνας, καὶ λήρους; ἀποβλέψατε δὴ
πρὸς τοὺς ταῦτα πολιτευομένους, ὧν οἱ μὲν ἐκ πτωχῶν
πλούσιοι γεγόνασιν, οἱ δ᾽ ἐξ ἀδόξων ἔντιμοι, ἔνιοι δὲ τὰς
ἰδίας οἰκίας τῶν δημοσίων οἰκοδομημάτων σεμνοτέρας
εἰσὶ κατεσκευασμένοι, ὅσῳ δὲ τὰ τῆς πόλεως ἐλάττω
γέγονεν, τοσούτῳ τὰ τούτων ηὔξηται.

   Τί δὴ τὸ πάντων αἴτιον τούτων, καὶ τί δή ποθ᾽ ἅπαντ᾽
εἶχε καλῶς τότε, καὶ νῦν οὐκ ὀρθῶς; ὅτι τότε μὲν πράττειν
καὶ στρατεύεσθαι τολμῶν αὐτὸς ὁ δῆμος δεσπότης τῶν
πολιτευομένων ἦν καὶ κύριος αὐτὸς ἁπάντων τῶν

ἀγαθῶν, καὶ ἀγαπητὸν ἦν παρὰ τοῦ δήμου τῶν ἄλλων
ἑκάστῳ καὶ τιμῆς καὶ ἀρχῆς καὶ ἀγαθοῦ τινος μεταλαβεῖν·
νῦν δὲ τοὐναντίον κύριοι μὲν οἱ πολιτευόμενοι τῶν
ἀγαθῶν, καὶ διὰ τούτων ἅπαντα πράττεται, ὑμεῖς δ᾽ ὁ
δῆμος, ἐκνενευρισμένοι καὶ περιῃρημένοι χρήματα,
συμμάχους, ἐν ὑπηρέτου καὶ προσθήκης μέρει γεγένησθε,
ἀγαπῶντες ἐὰν μεταδιδῶσι θεωρικῶν ὑμῖν ἢ Βοηδρόμια
πέμψωσιν οὗτοι, καὶ τὸ πάντων ἀνδρειότατον, τῶν
ὑμετέρων αὐτῶν χάριν προσοφείλετε. οἱ δ᾽ ἐν αὐτῇ τῇ
πόλει καθείρξαντες ὑμᾶς ἐπάγους᾽ ἐπὶ ταῦτα καὶ
τιθασεύουσι χειροήθεις αὑτοῖς ποιοῦντες. ἔστι δ᾽ οὐδέποτ᾽,
οἶμαι, μέγα καὶ νεανικὸν φρόνημα λαβεῖν μικρὰ καὶ
φαῦλα πράττοντας· ὁποῖ᾽ ἄττα γὰρ ἂν τἀπιτηδεύματα
τῶν ἀνθρώπων ᾖ, τοιοῦτον ἀνάγκη καὶ τὸ φρόνημ᾽ ἔχειν.
ταῦτα μὰ τὴν Δήμητρ᾽ οὐκ ἂν θαυμάσαιμ᾽ εἰ μείζων
εἰπόντι ἐμοὶ γένοιτο παρ᾽ ὑμῶν βλάβη τῶν πεποιηκότων
αὐτὰ γενέσθαι· οὐδὲ γὰρ παρρησία περὶ πάντων ἀεὶ παρ᾽
ὑμῖν ἐστιν, ἀλλ᾽ ἔγωγ᾽ ὅτι καὶ νῦν γέγονεν θαυμάζω. Ἐὰν
οὖν ἀλλὰ νῦν γ᾽ ἔτι ἀπαλλαγέντες τούτων τῶν ἐθῶν
ἐθελήσητε στρατεύεσθαί τε καὶ πράττειν ἀξίως ὑμῶν
αὐτῶν, καὶ ταῖς περιουσίαις ταῖς οἴκοι ταύταις ἀφορμαῖς
ἐπὶ τὰ ἔξω τῶν ἀγαθῶν χρῆσθαι, ἴσως ἄν, ἴσως, ὦ ἄνδρες
Ἀθηναῖοι, τέλειόν τι καὶ μέγα κτήσαισθ᾽ ἀγαθὸν καὶ τῶν
τοιούτων λημμάτων ἀπαλλαγείητε, ἃ τοῖς {ἀσθενοῦσι}
παρὰ τῶν ἰατρῶν σιτίοις {διδομένοις} ἔοικε. καὶ γὰρ ἐκεῖν᾽
οὔτ᾽ ἰσχὺν ἐντίθησιν οὔτ᾽ ἀποθνῄσκειν ἐᾷ· καὶ ταῦθ᾽ ἃ
νέμεσθε νῦν ὑμεῖς, οὔτε τοσαῦτ᾽ ἐστὶν ὥστ᾽ ὠφέλειαν
ἔχειν τινὰ διαρκῆ, οὔτ᾽ ἀπογνόντας ἄλλο τι πράττειν ἐᾷ,
ἀλλ᾽ ἔστι ταῦτα τὴν ἑκάστου ῥᾳθυμίαν ὑμῶν
ἐπαυξάνοντα. οὐκοῦν σὺ μισθοφορὰν λέγεις; φήσει τις.
καὶ παραχρῆμά γε τὴν αὐτὴν σύνταξιν ἁπάντων, ὦ
ἄνδρες Ἀθηναῖοι, ἵνα τῶν κοινῶν ἕκαστος τὸ μέρος
λαμβάνων, ὅτου δέοιθ᾽ ἡ πόλις, τοῦθ᾽ ὑπάρχοι. ἔξεστιν
ἄγειν ἡσυχίαν· οἴκοι μένων βελτίων, τοῦ δι᾽ ἔνδειαν

ἀνάγκη τι ποιεῖν αἰσχρὸν ἀπηλλαγμένος. συμβαίνει τι τοιοῦτον οἷον καὶ τὰ νῦν· στρατιώτης αὐτὸς ὑπάρχων ἀπὸ τῶν αὐτῶν τούτων λημμάτων, ὥσπερ ἐστὶ δίκαιον ὑπὲρ τῆς πατρίδος. ἔστι τις ἔξω τῆς ἡλικίας ὑμῶν· ὃς᾽ οὗτος ἀτάκτως νῦν λαμβάνων οὐκ ὠφελεῖ, ταῦτ᾽ ἐν ἴσῃ τάξει λαμβάνων πάντ᾽ ἐφορῶν καὶ διοικῶν ἃ χρὴ πράττεσθαι. ὅλως δ᾽ οὔτ᾽ ἀφελὼν οὔτε προσθείς, πλὴν μικρῶν, τὴν ἀταξίαν ἀνελὼν εἰς τάξιν ἤγαγον τὴν πόλιν, τὴν αὐτὴν τοῦ λαβεῖν, τοῦ στρατεύεσθαι, τοῦ δικάζειν, τοῦ ποιεῖν τοῦθ᾽ ὅ τι καθ᾽ ἡλικίαν ἕκαστος ἔχοι καὶ ὅτου καιρὸς εἴη, τάξιν ποιήσας. οὐκ ἔστιν ὅπου μηδὲν ἐγὼ ποιοῦσι τὰ τῶν ποιούντων εἶπον ὡς δεῖ νέμειν, οὐδ᾽ αὐτοὺς μὲν ἀργεῖν καὶ σχολάζειν καὶ ἀπορεῖν, ὅτι δ᾽ οἱ τοῦ δεῖνος νικῶσι ξένοι, ταῦτα πυνθάνεσθαι· ταῦτα γὰρ νυνὶ γίγνεται. () καὶ οὐχὶ μέμφομαι τὸν ποιοῦντά τι τῶν δεόντων ὑπὲρ ὑμῶν, ἀλλὰ καὶ ὑμᾶς ὑπὲρ ὑμῶν αὐτῶν ἀξιῶ πράττειν ταῦτ᾽ ἐφ᾽ οἷς ἑτέρους τιμᾶτε, καὶ μὴ παραχωρεῖν, ὦ ἄνδρες Ἀθηναῖοι, τῆς τάξεως, ἣν ὑμῖν οἱ πρόγονοι τῆς ἀρετῆς μετὰ πολλῶν καὶ καλῶν κινδύνων κτησάμενοι κατέλιπον. Σχεδὸν εἴρηχ ᾽ ἃ νομίζω συμφέρειν· ὑμεῖς δ᾽ ἕλοισθ᾽ ὅ τι καὶ τῇ πόλει καὶ ἅπασι συνοίσειν ὑμῖν μέλλει.

Φιλιππικός Δ᾽

καὶ σπουδαῖα νομίζων, ὦ ἄνδρες Ἀθηναῖοι, περὶ ὧν βουλεύεσθε, καὶ ἀναγκαῖα τῇ πόλει, πειράσομαι περὶ αὐτῶν εἰπεῖν ἃ νομίζω συμφέρειν. οὐκ ὀλίγων δ᾽ ὄντων ἁμαρτημάτων οὐδ᾽ ἐκ μικροῦ χρόνου συνειλεγμένων, ἐξ ὧν φαύλως ταῦτ᾽ ἔχει, οὐδέν ἐστιν, ὦ ἄνδρες Ἀθηναῖοι, τῶν πάντων δυσκολώτερον εἰς τὸ παρὸν ἢ ὅτι ταῖς γνώμαις ὑμεῖς ἀφεστήκατε τῶν πραγμάτων, καὶ τοσοῦτον χρόνον σπουδάζεθ᾽ ὅσον ἂν κάθησθ᾽ ἀκούοντες ἢ προσαγγελθῇ τι νεώτερον, εἶτ᾽ ἀπελθὼν ἕκαστος ὑμῶν οὐ μόνον οὐδὲν φροντίζει περὶ αὐτῶν, ἀλλ᾽ οὐδὲ μέμνηται.

ἡ μὲν οὖν ἀσέλγεια καὶ πλεονεξία, ᾗ πρὸς ἅπαντας ἀνθρώπους Φίλιππος χρῆται, τοσαύτη τὸ πλῆθος ὅσην ἀκούετε· ὅτι δ᾽ οὐκ ἔνι ταύτης ἐκεῖνον ἐπισχεῖν ἐκ λόγου καὶ δημηγορίας οὐδεὶς ἀγνοεῖ δήπου. καὶ γὰρ εἰ μηδ᾽ ἀφ᾽ ἑνὸς τῶν ἄλλων τοῦτο μαθεῖν δύναταί τις, ὡδὶ λογισάσθω. ἡμεῖς οὐδαμοῦ πώποτε, ὅπου περὶ τῶν δικαίων εἰπεῖν ἐδέησεν, ἡττήθημεν οὐδ᾽ ἀδικεῖν ἐδόξαμεν, ἀλλὰ πάντων πανταχοῦ κρατοῦμεν καὶ περίεσμεν τῷ λόγῳ.

ἆρ᾽ οὖν διὰ τοῦτ᾽ ἐκείνῳ φαύλως ἔχει τὰ πράγματα, ἢ τῇ πόλει καλῶς πολλοῦ γε καὶ δεῖ· ἐπειδὰν γὰρ ὁ μὲν λαβὼν μετὰ ταῦτα βαδίζῃ τὰ ὅπλα, πᾶσιν τοῖς οὖσιν ἑτοίμως κινδυνεύσων, ἡμεῖς δὲ καθώμεθ᾽ εἰρηκότες τὰ δίκαια, οἱ δ᾽ ἀκηκοότες, εἰκότως, οἶμαι, τοὺς λόγους τἄργα παρέρχεται, καὶ προσέχουσιν ἅπαντες οὐχ οἷς εἴπομέν ποθ᾽ ἡμεῖς δικαίοις ἢ νῦν ἂν εἴποιμεν, ἀλλ᾽ οἷς ποιοῦμεν. ἔστι δὲ ταῦτ᾽ οὐδένα τῶν ἀδικουμένων σῴζειν δυνάμενα· οὐδὲν γὰρ δεῖ πλείω περὶ αὐτῶν λέγειν.

τοιγάρτοι διεστηκότων εἰς δύο ταῦτα τῶν ἐν ταῖς πόλεσι, τῶν μὲν εἰς τὸ μήτ᾽ ἄρχειν βίᾳ βούλεσθαι μηδενὸς μήτε δουλεύειν ἄλλῳ, ἀλλ᾽ ἐν ἐλευθερίᾳ καὶ νόμοις ἐξ ἴσου πολιτεύεσθαι, τῶν δ᾽ εἰς τὸ ἄρχειν μὲν τῶν πολιτῶν ἐπιθυμεῖν, ἑτέρῳ δ᾽ ὑπακούειν, δι᾽ ὅτου ποτ᾽ ἂν οἴωνται τοῦτο δυνήσεσθαι ποιῆσαι, οἱ τῆς ἐκείνου προαιρέσεως, οἱ τυραννίδων καὶ δυναστειῶν ἐπιθυμοῦντες, κεκρατήκασι πανταχοῦ, καὶ πόλις δημοκρατουμένη βεβαίως οὐκ οἶδ᾽ εἴ τίς ἐστι τῶν πασῶν λοιπὴ πλὴν ἡ ἡμετέρα.

καὶ κεκρατήκασιν οἱ δι᾽ ἐκείνου τὰς πολιτείας ποιούμενοι πᾶσιν ὅσοις πράγματα πράττεται, πρώτῳ μὲν πάντων καὶ πλείστῳ τῷ τοῖς βουλομένοις χρήματα λαμβάνειν ἔχειν τὸν δώσονθ᾽ ὑπὲρ αὐτῶν, δευτέρῳ δὲ καὶ οὐδὲν ἐλάττονι τούτου τῷ δύναμιν τὴν καταστρεψομένην τοὺς ἐναντιουμένους αὐτοῖς ἐν οἷς ἂν αἰτήσωσι χρόνοις παρεῖναι.

ἡμεῖς δ᾽ οὐ μόνον τούτοις ὑπολειπόμεθ᾽, ὦ ἄνδρες Ἀθηναῖοι, ἀλλ᾽ οὐδ᾽ ἀνεγερθῆναι δυνάμεθα, ἀλλὰ μανδραγόραν πεπωκόσιν ἤ τι φάρμακον ἄλλο τοιοῦτον ἐοίκαμεν ἀνθρώποις· εἶτ᾽, οἶμαι, δεῖ γάρ, ὡς ἐγὼ κρίνω, λέγειν τἀληθῆ οὕτω διαβεβλήμεθα καὶ καταπεφρονήμεθ᾽ ἐκ τούτων ὥστε τῶν ἐν αὐτῷ τῷ κινδυνεύειν ὄντων οἱ μὲν ὑπὲρ τῆς ἡγεμονίας ἡμῖν ἀντιλέγουσιν, οἱ δ᾽ ὑπὲρ τοῦ ποῦ συνεδρεύσουσι, τινὲς δὲ καθ᾽ αὑτοὺς ἀμύνεσθαι μᾶλλον ἢ μεθ᾽ ἡμῶν ἐγνώκασιν.

τοῦ χάριν δὴ ταῦτα λέγω καὶ διεξέρχομαι οὐ γὰρ ἀπεχθάνεσθαι μὰ τὸν Δία καὶ πάντας θεοὺς προαιροῦμαι. ἵν᾽ ὑμῶν ἕκαστος, ὦ ἄνδρες Ἀθηναῖοι, τοῦτο γνῷ καὶ εἰδῇ, ὅτι ἡ καθ᾽ ἡμέραν ῥᾳστώνη καὶ ῥᾳθυμία, ὥσπερ τοῖς ἰδίοις βίοις, οὕτω καὶ ταῖς πόλεσιν οὐκ ἐφ᾽ ἑκάστου τῶν ἀμελουμένων ποιεῖ τὴν αἴσθησιν εὐθέως, ἀλλ᾽ ἐπὶ τῷ κεφαλαίῳ τῶν πραγμάτων ἀπαντᾷ.

ὁρᾶτε Σέρριον καὶ Δορίσκον· ταῦτα γὰρ πρῶτον ὠλιγωρήθη μετὰ τὴν εἰρήνην, ἃ πολλοῖς ὑμῶν οὐδὲ γνώριμ᾽ ἐστὶν ἴσως. ταῦτα μέντοι τότ᾽ ἐαθέντα καὶ παροφθέντ᾽ ἀπώλεσε Θρᾴκην καὶ Κερσοβλέπτην, σύμμαχον ὄνθ᾽ ὑμῶν. πάλιν ταῦτ᾽ ἀμελούμεν᾽ ἰδὼν καὶ οὐδεμιᾶς βοηθείας τυγχάνοντα παρ᾽ ὑμῶν κατέσκαπτε Πορθμόν, καὶ τυραννίδ᾽ ἀπαντικρὺ τῆς Ἀττικῆς ἐπετείχισεν ὑμῖν ἐν τῇ Εὐβοίᾳ.

ταύτης ὀλιγωρουμένης, Μέγαρ᾽ ἑάλω παρὰ μικρόν. οὐδὲν ἐφροντίσατ᾽ οὐδ᾽ ἐπεστράφητ᾽ οὐδὲν τούτων, οὐδ᾽ ἐνεδείξασθε τοῦθ᾽ ὅτι οὐκ ἐπιτρέψετε τοῦτο ποιεῖν αὐτῷ· Ἀντρῶνας ἐπρίατο καὶ μετ᾽ οὐ πολὺν χρόνον τὰ ἐν Ὠρεῷ πράγματ᾽ εἰλήφει.

πολλὰ δὲ καὶ παραλείπω, Φεράς, τὴν ἐπ᾽ Ἀμβρακίαν ὁδόν, τὰς ἐν ηλιδι σφαγάς, ἄλλα μυρία· οὐ γὰρ ἵν᾽ ἐξαριθμήσωμαι τοὺς βεβιασμένους καὶ τοὺς ἠδικημένους

ὑπὸ Φιλίππου, ταῦτα διεξῆλθον, ἀλλ᾽ ἵνα τοῦθ᾽ ὑμῖν
δείξω, ὅτι οὐ στήσεται πάντας ἀνθρώπους ἀδικῶν, τὰ δ᾽
ὑφ᾽ αὑτῷ ποιούμενος Φίλιππος, εἰ μή τις αὐτὸν κωλύσει.

εἰσὶν δέ τινες οἳ πρὶν ἀκοῦσαι τοὺς ὑπὲρ τῶν
πραγμάτων λόγους εὐθέως εἰώθασιν ἐρωτᾶν τί οὖν χρὴ
ποιεῖν οὐχ ἵν᾽ ἀκούσαντες ποιήσωσι χρησιμώτατοι γὰρ ἂν
ἦσαν ἁπάντων, ἀλλ᾽ ἵνα τοῦ λέγοντος ἀπαλλαγῶσιν. δεῖ
δ᾽ ὅμως εἰπεῖν ὅ τι χρὴ ποιεῖν. πρῶτον μέν, ὦ ἄνδρες
Ἀθηναῖοι, τοῦτο παρ᾽ ὑμῖν αὐτοῖς βεβαίως γνῶναι, ὅτι τῇ
πόλει Φίλιππος πολεμεῖ καὶ τὴν εἰρήνην λέλυκεν, καὶ
κακόνους μέν ἐστι καὶ ἐχθρὸς ὅλῃ τῇ πόλει καὶ τῷ τῆς
πόλεως ἐδάφει, προσθήσω δὲ καὶ τοῖς ἐν τῇ πόλει θεοῖς,
οἵπερ αὐτὸν ἐξολέσειαν, οὐδενὶ μέντοι μᾶλλον ἢ τῇ
πολιτείᾳ πολεμεῖ οὐδ᾽ ἐπιβουλεύει, καὶ σκοπεῖ μᾶλλον
οὐδὲν τῶν πάντων ἢ πῶς ταύτην καταλύσει.

καὶ τοῦτ᾽ ἐξ ἀνάγκης τρόπον τινὰ νῦν γε δὴ ποιεῖ.
λογίζεσθε γάρ. ἄρχειν βούλεται, τούτου δ᾽ ἀνταγωνιστὰς
μόνους ὑπείληφεν ὑμᾶς. ἀδικεῖ πολὺν χρόνον ἤδη, καὶ
τοῦτ᾽ αὐτὸς ἄριστα σύνοιδεν αὑτῷ· οἷς γὰρ οὖσιν
ὑμετέροις ἔχει χρῆσθαι, τούτοις ἅπαντα τἄλλα βεβαίως
κέκτηται· εἰ γὰρ Ἀμφίπολιν καὶ Ποτείδαιαν προεῖτο, οὐδ᾽
ἂν ἐν Μακεδονίᾳ μένειν ἀσφαλῶς ἐδύνατο.

ἀμφότερ᾽ οὖν οἶδε, καὶ αὐτὸν ὑμῖν ἐπιβουλεύοντα καὶ
ὑμᾶς αἰσθανομένους· εὖ φρονεῖν δ᾽ ὑμᾶς ὑπολαμβάνων
μισεῖν αὐτὸν ἡγεῖται. πρὸς δὲ τούτοις τοσούτοις οὖσιν
οἶδεν ἀκριβῶς ὅτι, οὐδ᾽ ἂν ἁπάντων τῶν ἄλλων γένηται
κύριος, οὐδὲν ἔστ᾽ αὐτῷ βεβαίως ἔχειν, ἕως ἂν ὑμεῖς
δημοκρατῆσθε, ἀλλ᾽ ἄν ποτε συμβῇ τι πταῖσμα πολλὰ δ᾽
ἂν γένοιτ᾽ ἀνθρώπῳ, ἥξει πάντα τὰ νῦν βεβιασμένα καὶ
καταφεύξεται πρὸς ὑμᾶς.

ἐστὲ γὰρ ὑμεῖς οὐκ αὐτοὶ πλεονεκτῆσαι καὶ κατασχεῖν
ἀρχὴν εὖ πεφυκότες, ἀλλ᾽ ἕτερον λαβεῖν κωλῦσαι καὶ
ἔχοντ᾽ ἀφελέσθαι καὶ ὅλως ἐνοχλῆσαι τοῖς ἄρχειν

βουλομένοις καὶ πάντας ἀνθρώπους εἰς ἐλευθερίαν ἐξελέσθαι δεινοί. οὔκουν βούλεται τοῖς αὑτοῦ καιροῖς τὴν παρ᾽ ὑμῶν ἐλευθερίαν ἐφεδρεύειν, οὐ κακῶς οὐδ᾽ ἀργῶς ταῦτα λογιζόμενος.

πρῶτον μὲν δὴ τοῦτο δεῖ, ἐχθρὸν ὑπειληφέναι τῆς πολιτείας καὶ τῆς δημοκρατίας ἀδιάλλακτον ἐκεῖνον, δεύτερον δ᾽ εἰδέναι σαφῶς ὅτι πάνθ᾽ ὅσα πραγματεύεται καὶ κατασκευάζεται νῦν, ἐπὶ τὴν ἡμετέραν πόλιν παρασκευάζεται. οὐ γὰρ οὕτως εὐήθης ὑμῶν ἐστιν οὐδεὶς ὥσθ᾽ ὑπολαμβάνειν τὸν Φίλιππον τῶν μὲν ἐν Θρᾴκῃ κακῶν τί γὰρ ἂν ἄλλο τις εἴποι Δρογγίλον καὶ Καβύλην καὶ Μάστειραν καὶ ἃ νῦν φασιν αὐτὸν ἔχειν τούτων μὲν ἐπιθυμεῖν καὶ ὑπὲρ τοῦ ταῦτα λαβεῖν καὶ πόνους καὶ χειμῶνας καὶ τοὺς ἐσχάτους κινδύνους ὑπομένειν,

τῶν δ᾽ Ἀθηναίων λιμένων καὶ νεωρίων καὶ τριήρων καὶ τόπου καὶ δόξης, ὧν μήτ᾽ ἐκείνῳ μήτ᾽ ἄλλῳ γένοιτο μηδενὶ χειρωσαμένῳ τὴν πόλιν τὴν ἡμετέραν κυριεῦσαι, οὐκ ἐπιθυμεῖν, ἀλλὰ ταῦτα μὲν ὑμᾶς ἐάσειν ἔχειν, ὑπὲρ δὲ τῶν μελινῶν καὶ τῶν ὀλυρῶν τῶν ἐν τοῖς Θρᾳκίοις σιροῖς ἐν τῷ βαράθρῳ χειμάζειν.

οὐκ ἔστι ταῦτα, ἀλλὰ κἀκεῖν᾽ ὑπὲρ τοῦ τούτων γίγνεσθαι κύριος καὶ τἆλλα πάντα πραγματεύεται. ταῦτα τοίνυν ἕκαστον εἰδότα καὶ γιγνώσκοντα παρ᾽ αὑτῷ δεῖ μὰ Δί᾽ οὐ γράψαι κελεύειν πόλεμον τὸν τὰ βέλτιστ᾽ ἐπὶ πᾶσι δικαίοις συμβουλεύοντα· τοῦτο μὲν γάρ ἐστι λαβεῖν ὅτῳ πολεμήσετε βουλομένων, οὐχ ἃ τῇ πόλει συμφέρει πράττειν.

ὁρᾶτε γάρ. εἰ δι᾽ ἃ πρῶτα παρεσπόνδησε Φίλιππος ἢ δεύτερ᾽ ἢ τρίτα πολλὰ γάρ ἐστιν ἐφεξῆς ἔγραψέ τις αὐτῷ πολεμεῖν, ὁ δ᾽ ὁμοίως ὥσπερ νῦν, οὐ γράφοντος οὐδενὸς ὑμῶν πόλεμον, Καρδιανοῖς ἐβοήθει, οὐκ ἂν ἀνηρπασμένος ἦν ὁ γράψας, καὶ διὰ τοῦτο πάντες ᾐτιῶντ᾽ ἂν αὐτὸν Καρδιανοῖς βεβοηθηκέναι

μὴ τοίνυν ζητεῖθ᾽ ὄντιν᾽ ἀνθ᾽ ὧν Φίλιππος
ἐξαμαρτάνει μισήσετε καὶ τοῖς παρ᾽ ἐκείνου μισθαρνοῦσι
διασπάσασθαι παραβαλεῖτε· μηδ᾽ αὐτοὶ χειροτονήσαντες
πόλεμον βούλεσθε παρ᾽ αὑτοῖς ὑμῖν ἐρίζειν, εἰ δέον ἢ μὴ
δέον ὑμᾶς τοῦτο πεποιηκέναι· ἀλλ᾽ ὃν ἐκεῖνος πολεμεῖ
τρόπον, τοῦτον μιμεῖσθε, τοῖς μὲν ἀμυνομένοις ἤδη
χρήματα καὶ τἄλλ᾽ ὅσων δέονται διδόντες, αὐτοὶ δ᾽
εἰσφέροντες, ὦ ἄνδρες Ἀθηναῖοι, καὶ κατασκευαζόμενοι
στράτευμα, τριήρεις ταχείας, ἵππους, ἱππαγωγούς, τἄλλ᾽
ὅσ᾽ εἰς πόλεμον·

ἐπεὶ νῦν γε γέλως ἔσθ᾽ ὡς χρώμεθα τοῖς πράγμασι, καὶ
Φίλιππον δ᾽ αὐτὸν οὐδὲν ἂν ἄλλ᾽ οἶμαι μὰ τοὺς θεοὺς
εὔξασθαι ποιεῖν τὴν πόλιν ἢ ταῦθ᾽ ἃ νῦν ποιεῖτε·
ὑστερίζετε, ἀναλίσκετε· ὅτῳ παραδώσετε τὰ πράγματα
ζητεῖτε, δυσχεραίνετε· ἀλλήλους αἰτιᾶσθε. ἀφ᾽ οὗ δὲ
ταῦτα γίγνεται ἐγὼ διδάξω, καὶ ὅπως παύσεται λέξω.

οὐδὲν πώποτ᾽, ὦ ἄνδρες Ἀθηναῖοι, τῶν πραγμάτων ἐξ
ἀρχῆς ἐνεστήσασθ᾽ οὐδὲ κατεσκευάσασθ᾽ ὀρθῶς, ἀλλὰ τὸ
συμβαῖνον ἀεὶ διώκετε, εἶτ᾽ ἐπειδὰν ὑστερίσητε παύεσθε·
ἕτερον πάλιν ἂν συμβῇ τι παρασκευάζεσθε καὶ
θορυβεῖσθε.

τὸ δ᾽ οὐχ οὕτως ἔχει· οὐκ ἔνεστι βοηθείαις χρωμένους
οὐδὲν τῶν δεόντων ποτὲ πρᾶξαι, ἀλλὰ κατασκευάσαντας
δεῖ δύναμιν, καὶ τροφὴν ταύτῃ πορίσαντας καὶ ταμίας καὶ
δημοσίους, καὶ ὅπως ἔνι τὴν τῶν χρημάτων φυλακὴν
ἀκριβεστάτην γενέσθαι, οὕτω ποιήσαντας, τὸν μὲν τῶν
χρημάτων λόγον παρὰ τούτων λαμβάνειν, τὸν δὲ τῶν
ἔργων παρὰ τοῦ στρατηγοῦ, καὶ μηδεμίαν πρόφασιν τοῦ
πλεῖν ἄλλοσε ἢ πράττειν ἄλλο τι τῷ στρατηγῷ
καταλείπειν.

ἂν οὕτω ποιήσητε καὶ τοῦτ᾽ ἐθελήσηθ᾽ ὡς ἀληθῶς,
ἄγειν εἰρήνην δικαίαν καὶ μένειν ἐπὶ τοῦ τόπου Φίλιππον
ἀναγκάσετε, ἢ πολεμήσετ᾽ ἐξ ἴσου· καὶ ἴσως ἂν, ἴσως,

ὥσπερ νῦν ὑμεῖς πυνθάνεσθε τί ποιεῖ Φίλιππος καὶ ποῖ πορεύεται, οὕτως ἂν ἐκεῖνος φροντίσαι ποῖ ποθ᾽ ἡ τῆς πόλεως ἀπῆρκεν δύναμις καὶ ποῦ φανήσεται.

εἰ δέ τῳ δοκεῖ ταῦτα καὶ δαπάνης πολλῆς καὶ πόνων πολλῶν καὶ πραγματείας εἶναι, καὶ μάλ᾽ ὀρθῶς δοκεῖ· ἀλλ᾽ ἐὰν λογίσηται τὰ τῇ πόλει μετὰ ταῦτα γενησόμενα, ἐὰν ταῦτα μὴ ἐθέλῃ ποιεῖν, εὑρήσει λυσιτελοῦν τὸ ἑκόντας ποιεῖν τὰ δέοντα. εἰ μὲν γάρ ἐστί τις ἐγγυητὴς ὑμῖν θεῶν οὐ γὰρ ἀνθρώπων γ᾽ οὐδεὶς ἂν γένοιτ᾽ ἀξιόχρεως τηλικούτου πράγματοσ ὡς, ἐὰν ἄγηθ᾽ ἡσυχίαν καὶ ἅπαντα προῆσθε,

οὐκ ἐπ᾽ αὐτοὺς ὑμᾶς τελευτῶν ἐκεῖνος ἥξει, αἰσχρὸν μὲν νὴ τὸν Δία καὶ πάντας θεοὺς καὶ ἀνάξιον ὑμῶν καὶ τῶν ὑπαρχόντων τῇ πόλει καὶ πεπραγμένων τοῖς προγόνοις, τῆς ἰδίας ῥᾳθυμίας ἕνεκα τοὺς ἄλλους ἅπαντας ελληνας εἰς δουλείαν προέσθαι, καὶ ἔγωγε αὐτὸς μὲν τεθνάναι μᾶλλον ἂν ἢ ταῦτ᾽ εἰρηκέναι βουλοίμην·

οὐ μὴν ἀλλ᾽ εἴ τις ἄλλος λέγει καὶ ὑμᾶς πείθει, ἔστω, μὴ ἀμύνεσθε, ἅπαντα πρόεσθε. εἰ δὲ μηδενὶ τοῦτο δοκεῖ, τοὐναντίον δὲ πρόϊσμεν ἅπαντες ὅτι, ὅσῳ ἂν πλειόνων ἐάσωμεν ἐκεῖνον γενέσθαι κύριον, τοσούτῳ χαλεπωτέρῳ καὶ ἰσχυροτέρῳ χρησόμεθ᾽ ἐχθρῷ, ποῖ ἀναδυόμεθα, ἢ τί μέλλομεν ἢ πότ᾽, ὦ ἄνδρες Ἀθηναῖοι, τὰ δέοντα ποιεῖν ἐθελήσομεν ὅταν νὴ Δί᾽ ἀναγκαῖον ἦ.

ἀλλ᾽ ἦν μὲν ἄν τις ἐλευθέρων ἀνθρώπων ἀνάγκην εἴποι, οὐ μόνον ἤδη πάρεστιν, ἀλλὰ καὶ πάλαι παρελήλυθε, τὴν δὲ τῶν δούλων ἀπεύχεσθαι δήπου μὴ γενέσθαι δεῖ. διαφέρει δὲ τί ὅτι ἐστὶν ἐλευθέρῳ μὲν ἀνθρώπῳ μεγίστη ἀνάγκη ἡ ὑπὲρ τῶν γιγνομένων αἰσχύνη, καὶ μείζω ταύτης οὐκ οἶδ᾽ ἥντιν᾽ ἂν εἴποι τις· δούλῳ δὲ πληγαὶ χὠ τοῦ σώματος αἰκισμός, ὃ μήτε γένοιτο οὔτε λέγειν ἄξιον.

τὸ μὲν τοίνυν, ὦ ἄνδρες Ἀθηναῖοι, πρὸς τὰ τοιαῦτ᾽

ὀκνηρῶς διακεῖσθαι, ἃ δεῖ τοῖς σώμασι καὶ ταῖς οὐσίαις λητουργῆσαι ἕκαστον, ἐστὶ μὲν οὐκ ὀρθῶς ἔχον, οὐδὲ πολλοῦ δεῖ, οὐ μὴν ἀλλ᾽ ἔχει τινὰ πρόφασιν ὅμως· τὸ δὲ μηδ᾽ ὅσ᾽ ἀκοῦσαι δεῖ μηδ᾽ ὅσα βουλεύσασθαι προσήκει, μηδὲ ταῦτ᾽ ἐθέλειν ἀκούειν, τοῦτ᾽ ἤδη πᾶσαν ἐπιδέχεται κατηγορίαν.

ὑμεῖς τοίνυν οὐκ ἀκούειν, πρὶν ἂν ὥσπερ νῦν αὐτὰ παρῇ τὰ πράγματα, οὐχὶ βουλεύεσθαι περὶ οὐδενὸς εἰώθατ᾽ ἐφ᾽ ἡσυχίας, ἀλλ᾽ ὅταν μὲν ἐκεῖνος παρασκευάζηται, ἀμελήσαντες τοῦ ποιεῖν ταὐτὸ καὶ ἀντιπαρασκευάζεσθαι ῥᾳθυμεῖτε, καὶ ἄν τι λέγῃ τις, ἐκβάλλετε, ἐπειδὰν δ᾽ ἀπολωλὸς ἢ πολιορκούμενόν τι πύθησθε, ἀκροᾶσθε καὶ παρασκευάζεσθε·

ἦν δ᾽ ἀκηκοέναι μὲν καὶ βεβουλεῦσθαι τότε καιρός, ὅθ᾽ ὑμεῖς οὐκ ἠθέλετε, πράττειν δὲ καὶ χρῆσθαι τοῖς παρεσκευασμένοις νῦν, ἡνίκ᾽ ἀκούετε. τοιγαροῦν ἐκ τῶν τοιούτων ἐθῶν μόνοι τῶν πάντων ἀνθρώπων ὑμεῖς τοῖς ἄλλοις τοὐναντίον ποιεῖτε· οἱ μὲν γὰρ ἄλλοι πρὸ τῶν πραγμάτων εἰώθασι χρῆσθαι τῷ βουλεύεσθαι, ὑμεῖς δὲ μετὰ τὰ πράγματα.

ὃ δὴ λοιπόν ἐστι, καὶ πάλαι μὲν ἔδει, διαφεύγει δ᾽ οὐδὲ νῦν, τοῦτ᾽ ἐρῶ. οὐδενὸς τῶν πάντων οὕτως ὡς χρημάτων δεῖ τῇ πόλει πρὸς τὰ νῦν ἐπιόντα πράγματα. συμβέβηκε δ᾽ εὐτυχήματ᾽ ἀπὸ ταὐτομάτου, οἷς ἂν χρησώμεθ᾽ ὀρθῶς, ἴσως ἂν γένοιτο τὰ δέοντα. πρῶτον μὲν γὰρ οἷς βασιλεὺς πιστεύει καὶ εὐεργέτας ὑπείληφεν ἑαυτοῦ, οὗτοι μισοῦσι καὶ πολεμοῦσι Φίλιππον.

ἔπειθ᾽ ὁ πράττων καὶ συνειδὼς ἅπανθ᾽ ἃ Φιλιππος κατὰ βασιλέως παρασκευάζεται, οὗτος ἀνάσπαστος γέγονε, καὶ πάσας τὰς πράξεις βασιλεὺς οὐχ ἡμῶν κατηγορούντων ἀκούσεται, οὓς ὑπὲρ τοῦ συμφέροντος ἂν ἡγήσαιτο τοῦ ἰδίου λέγειν, ἀλλὰ τοῦ πράξαντος αὐτοῦ καὶ διοικοῦντος, ὥστ᾽ εἶναι πιστάς, καὶ λοιπὸν λόγον εἶναι τοῖς παρ᾽ ὑμῶν πρέσβεσιν,

ὃν βασιλεὺς ἥδιστ᾽ ἂν ἀκούσαι, ὡς τὸν ἀμφοτέρους ἀδικοῦντα κοινῇ τιμωρήσασθαι δεῖ, καὶ ὅτι πολὺ τῷ βασιλεῖ φοβερώτερός ἐσθ᾽ ὁ Φίλιππος, ἂν προτέροις ἡμῖν ἐπιθῆται· εἰ γὰρ ἐγκαταλειπόμενοί τι πεισόμεθ᾽ ἡμεῖς, ἀδεῶς ἐπ᾽ ἐκεῖνον ἤδη πορεύσεται. ὑπὲρ δὴ τούτων ἁπάντων οἶμαι δεῖν ὑμᾶς πρεσβείαν ἐκπέμπειν, ἥτις τῷ βασιλεῖ διαλέξεται, καὶ τὴν ἀβελτερίαν ἀποθέσθαι, δι᾽ ἣν πολλάκις ἠλαττώθητε, ὁ δὴ βάρβαρος, καὶ ὁ κοινὸς ἅπασιν ἐχθρός, καὶ πάντα τὰ τοιαῦτα.

ἐγὼ γὰρ ὅταν τιν᾽ ἴδω τὸν μὲν ἐν Σούσοις καὶ Ἐγβατάνοις δεδοικότα καὶ κακόνουν εἶναι τῇ πόλει φάσκοντα, ὃς καὶ πρότερον συνεπηνώρθωσε τὰ τῆς πόλεως πράγματα καὶ νῦν ἐπηγγέλλετο εἰ δὲ μὴ ἐδέχεσθ᾽ ὑμεῖς, ἀλλ᾽ ἀπεψηφίζεσθε, οὐ τἀκείνου αἴτια, ὑπὲρ δὲ τοῦ ἐπὶ ταῖς θύραις ἐγγὺς οὑτωσὶ ἐν μέσῃ τῇ Ἑλλάδι αὐξανομένου λῃστοῦ τῶν Ἑλλήνων ἄλλο τι λέγοντα, θαυμάζω, καὶ δέδοικα τοῦτον, ὅστις ἂν ᾖ ποτ᾽, ἔγωγε, ἐπειδὴ οὐχ οὗτος Φίλιππον.

ἔστι τοίνυν τι πρᾶγμα καὶ ἄλλο, ὃ λυμαίνεται τὴν πόλιν ὑπὸ βλασφημίας ἀδίκου καὶ λόγων οὐ προσηκόντων διαβεβλημένον, εἶτα τοῖς μηδὲν τῶν ἐν τῇ πολιτείᾳ δικαίων βουλομένοις ποιεῖν πρόφασιν παρέχει· καὶ πάντων, ὅσ᾽ ἐκλείπει, δέον παρά του γίγνεσθαι, ἐπὶ τοῦθ᾽ εὑρήσετε τὴν αἰτίαν ἀναφερομένην. περὶ οὗ πάνυ μὲν φοβοῦμαι, οὐ μὴν ἀλλ᾽ ἐρῶ·

οἶμαι γὰρ ἕξειν καὶ ὑπὲρ τῶν ἀπόρων τὰ δίκαι᾽ ἐπὶ τῷ συμφέροντι τῆς πόλεως εἰπεῖν πρὸς τοὺς εὐπόρους, καὶ ὑπὲρ τῶν κεκτημένων τὰς οὐσίας πρὸς τοὺς ἐπιδεεῖς. εἰ ἀνέλοιμεν ἐκ μέσου καὶ τὰς βλασφημίας ἃς ἐπὶ τῷ θεωρικῷ ποιοῦνταί τινες οὐχὶ δικαίως, καὶ τὸν φόβον, ὡς οὐ στήσεται τοῦτ᾽ ἄνευ μεγάλου τινὸς κακοῦ, οὐδὲν ἂν εἰς

τὰ πράγματα μεῖζον εἰσενεγκαίμεθα, οὐδ᾽ ὅ τι κοινῇ
μᾶλλον ἂν ὅλην ἐπιρρώσειε τὴν πόλιν.

οὑτωσὶ δὲ σκοπεῖτε· ἐρῶ δ᾽ ὑπὲρ τῶν ἐν χρείᾳ
δοκούντων εἶναι πρότερον. ἦν ποτ᾽ οὐ πάλαι παρ᾽ ὑμῖν,
ὅτ᾽ οὐ προσῄει τῇ πόλει τάλανθ᾽ ὑπὲρ τριάκοντα καὶ
ἑκατόν· καὶ οὐδεὶς ἔστι τῶν τριηραρχεῖν δυναμένων οὐδὲ
τῶν εἰσφέρειν ὅστις οὐκ ἠξίου τὰ καθήκοντ᾽ ἐφ᾽ ἑαυτὸν
ποιεῖν, ὅτι χρήματ᾽ οὐ περιῆν, ἀλλὰ καὶ τριήρεις ἔπλεον
καὶ χρήματ᾽ ἐγίγνετο καὶ πάντ᾽ ἐποιοῦμεν τὰ δέοντα.

μετὰ ταῦθ᾽ ἡ τύχη, καλῶς ποιοῦσα, πολλὰ πεποίηκε τὰ
κοινά, καὶ τετρακόσι᾽ ἀντὶ τῶν ἑκατὸν ταλάντων
προσέρχεται, οὐδενὸς οὐδὲν ζημιουμένου τῶν τὰς οὐσίας
ἐχόντων, ἀλλὰ καὶ προσλαμβάνοντος· οἱ γὰρ εὔποροι
πάντες ἔρχονται μεθέξοντες τούτου, καὶ καλῶς ποιοῦσιν.

τί οὖν μαθόντες τοῦτ᾽ ὀνειδίζομεν ἀλλήλοις καὶ
προφάσει χρώμεθα τοῦ μηδὲν ποιεῖν, πλὴν εἰ τῇ παρὰ τῆς
τύχης βοηθείᾳ γεγονυίᾳ τοῖς ἀπόροις φθονοῦμεν

οὓς οὔτ᾽ ἂν αἰτιασαίμην ἔγωγε, οὔτ᾽ ἀξιῶ. οὐδὲ γὰρ ἐν
ταῖς ἰδίαις οἰκίαις ὁρῶ τὸν ἐν ἡλικίᾳ πρὸς τοὺς
πρεσβυτέρους οὕτω διακείμενον οὐδ᾽ οὕτως ἀγνώμον᾽
οὐδ᾽ ἄτοπον τῶν ὄντων οὐδένα, ὥστε, εἰ μὴ ποιήσουσιν
ἅπαντες ὅσ᾽ ἂν αὐτός, οὐ φάσκοντα ποιήσειν οὐδὲν οὐδ᾽
αὐτόν· καὶ γὰρ ἂν τοῖς τῆς κακώσεως εἴη νόμοις οὕτω γ᾽
ἔνοχος· δεῖ γάρ, οἶμαι, τοῖς γονεῦσι τὸν ὡρισμένον ἐξ
ἀμφοτέρων ἔρανον, καὶ παρὰ τῆς φύσεως καὶ παρὰ τοῦ
νόμου, δικαίως φέρειν καὶ ἑκόνθ᾽ ὑποτελεῖν.

ὥσπερ τοίνυν ἑνὸς ἡμῶν ἑκάστου τίς ἐστι γονεύς, οὕτω
συμπάσης τῆς πόλεως κοινοὺς δεῖ τοὺς γονέας σύμπαντας
ἡγεῖσθαι, καὶ προσήκειν τούτους οὐχ ὅπως ὧν ἡ πόλις
δίδωσ᾽ ἀφελέσθαι τι, ἀλλ᾽ εἰ καὶ μηδὲν ἦν τούτων,
ἄλλοθεν σκοπεῖν ὅπως μηδενὸς ὄντες ἐνδεεῖς
περιοφθήσονται.

τοὺς μὲν τοίνυν εὐπόρους ταύτῃ χρωμένους τῇ γνώμῃ

οὐ μόνον ἡγοῦμαι τὰ δίκαι' ἂν ποιεῖν, ἀλλὰ καὶ τὰ λυσιτελῆ· τὸ γὰρ τῶν ἀναγκαίων τιν' ἀποστερεῖν κοινῇ κακόνους ἐστὶ ποιεῖν πολλοὺς ἀνθρώπους τοῖς πράγμασι· τοῖς δ' ἐν ἐνδείᾳ, δι' ὃ δυσχεραίνουσι τὸ πρᾶγμ' οἱ τὰς οὐσίας ἔχοντες καὶ κατηγοροῦσι δικαίως, τοῦτ' ἀφελεῖν ἂν συμβουλεύσαιμι.

δίειμι δέ, ὥσπερ ἄρτι, τὸν αὐτὸν τρόπον καὶ ὑπὲρ τῶν εὐπόρων, οὐ κατοκνήσας εἰπεῖν τἀληθῆ. ἐμοὶ γὰρ οὐδεὶς οὕτως ἄθλιος οὐδ' ὠμὸς εἶναι δοκεῖ τὴν γνώμην, οὔκουν Ἀθηναίων γε, ὥστε λυπεῖσθαι ταῦτα λαμβάνοντας ὁρῶν τοὺς ἀπόρους καὶ τῶν ἀναγκαίων ἐνδεεῖς ὄντας.

ἀλλὰ ποῦ συντρίβεται τὸ πρᾶγμα καὶ ποῦ δυσχεραίνεται ὅταν τὸ ἀπὸ τῶν κοινῶν ἔθος ἐπὶ τὰ ἴδια μεταβιβάζοντας ὁρῶσί τινας, καὶ μέγαν μὲν ὄντα παρ' ὑμῖν εὐθέως τὸν λέγοντα, ἀθάνατον δ' ἕνεκ' ἀσφαλείας, ἑτέραν δὲ τὴν κρύβδην ψῆφον τοῦ φανερῶς θορύβου.

ταῦτ' ἀπιστίαν, ταῦτ' ὀργὴν ἔχει. δεῖ γάρ, ὦ ἄνδρες Ἀθηναῖοι, δικαίως ἀλλήλοις τῆς πολιτείας κοινωνεῖν, τοὺς μὲν εὐπόρους εἰς μὲν τὸν βίον τὰ ἑαυτῶν ἀσφαλῶς ἔχειν νομίζοντας καὶ ὑπὲρ τούτων μὴ δεδοικότας, εἰς δὲ τοὺς κινδύνους κοινὰ ὑπὲρ τῆς σωτηρίας τὰ ὄντα τῇ πατρίδι παρέχοντας, τοὺς δὲ λοιποὺς τὰ μὲν κοινὰ κοινὰ νομίζοντας καὶ μετέχοντας τὸ μέρος, τὰ δ' ἑκάστου ἴδια τοῦ κεκτημένου. οὕτω καὶ μικρὰ μεγάλη πόλις γίγνεται καὶ μεγάλη σῴζεται. ὡς μὲν οὖν εἴποι τις ἄν, ἃ παρ' ἑκατέρων εἶναι δεῖ, ταῦτ' ἴσως ἐστίν· ὡς δὲ καὶ γένοιτ' ἄν, ἐν νόμῳ διορθώσασθαι δεῖ.

τῶν δὲ παρόντων πραγμάτων καὶ τῆς ταραχῆς πολλὰ πόρρωθέν ἐστι τὰ αἴτια· ἃ εἰ βουλομένοις ὑμῖν ἀκούειν ἐστίν, ἐθέλω λέγειν. ἐξέστητ', ὦ ἄνδρες Ἀθηναῖοι, τῆς ὑποθέσεως ἐφ' ἧς ὑμᾶς οἱ πρόγονοι κατέλιπον, καὶ τὸ μὲν προΐστασθαι τῶν Ἑλλήνων καὶ δύναμιν συνεστηκυῖαν ἔχοντας πᾶσι τοῖς ἀδικουμένοις βοηθεῖν περίεργον

ἐπείσθητ᾿ εἶναι καὶ μάταιον ἀνάλωμ᾿ ὑπὸ τῶν ταῦτα
πολιτευομένων, τὸ δ᾿ ἐν ἡσυχίᾳ διάγειν καὶ μηδὲν τῶν
δεόντων πράττειν, ἀλλὰ προϊεμένους καθ᾿ ἓν ἕκαστον
πάνθ᾿ ἑτέρους ἐᾶσαι λαβεῖν, θαυμαστὴν εὐδαιμονίαν καὶ
πολλὴν ἀσφάλειαν ἔχειν ᾤεσθε.

ἐκ δὲ τούτων παρελθὼν ἐπὶ τὴν τάξιν ἐφ᾿ ἧς ὑμῖν
τετάχθαι προσῆκεν ἕτερος, οὗτος εὐδαίμων καὶ μέγας καὶ
πολλῶν κύριος γέγονεν, εἰκότως· πρᾶγμα γὰρ ἔντιμον καὶ
μέγα καὶ λαμπρόν, καὶ περὶ οὗ πάντα τὸν χρόνον αἱ
μέγισται τῶν πόλεων πρὸς αὑτὰς διεφέροντο,
Λακεδαιμονίων μὲν ἠτυχηκότων, Θηβαίων δ᾿ ἀσχόλων
διὰ τὸν Φωκικὸν πόλεμον γενομένων, ἡμῶν δ᾿
ἀμελούντων, ἔρημον ἀνείλετο.

τοιγάρτοι τὸ μὲν φοβεῖσθαι τοῖς ἄλλοις, τὸ δὲ
συμμάχους πολλοὺς ἔχειν καὶ δύναμιν μεγάλην ἐκείνῳ
περιγέγονε, καὶ τοσαῦτα πράγματα καὶ τοιαῦτ᾿ ἤδη
περιέστηκε τοὺς ελληνας ἅπαντας, ὥστε μηδ᾿ ὅ τι χρὴ
συμβουλεύειν εὔπορον εἶναι.

ὄντων δ᾿, ὦ ἄνδρες Ἀθηναῖοι, τῶν παρόντων
πραγμάτων πᾶσιν, ὡς ἐγὼ κρίνω, φοβερῶν, οὐδένες ἐν
μείζονι κινδύνῳ τῶν πάντων εἰσὶν ὑμῶν, οὐ μόνον τῷ
μάλισθ᾿ ὑμῖν ἐπιβουλεύειν Φίλιππον, ἀλλὰ καὶ τῷ
πάντων ἀργότατ᾿ αὐτοὶ διακεῖσθαι. εἰ τοίνυν τὸ τῶν
ὠνίων πλῆθος ὁρῶντες καὶ τὴν εὐετηρίαν τὴν κατὰ τὴν
ἀγοράν, τούτοις κεκήλησθ᾿ ὡς ἐν οὐδενὶ δεινῷ τῆς πόλεως
οὔσης, οὔτε προσηκόντως οὔτ᾿ ὀρθῶς τὸ πρᾶγμα κρίνετε·

ἀγορὰν μὲν γὰρ ἄν τις καὶ πανήγυριν ἐκ τούτων ἢ
φαύλως ἢ καλῶς παρεσκευάσθαι κρίνοι· πόλιν δ᾿ ἣν
ὑπείληφεν, ὃς ἂν τῶν Ἑλλήνων ἄρχειν ἀεὶ βούληται,
μόνην ἂν ἐναντιωθῆναι καὶ τῆς πάντων ἐλευθερίας
προστῆναι, οὐ μὰ Δί᾿ ἐκ τῶν ὠνίων, εἰ καλῶς ἔχει,
δοκιμάζειν δεῖ, ἀλλ᾿ εἰ συμμάχων εὐνοίᾳ πιστεύει, εἰ τοῖς
ὅπλοις ἰσχύει, ταῦθ᾿ ὑπὲρ τῆς πόλεως δεῖ σκοπεῖν· ἃ

σφαλερῶς ὑμῖν καὶ οὐδαμῶς ἅπαντ᾽ ἔχει.

γνοίητε δ᾽ ἄν, εἰ σκέψαισθ᾽ ἐκείνως. πότε μάλιστ᾽ ἐν ταραχῇ τὰ τῶν Ἑλλήνων γέγονε πράγματα οὐδένα γὰρ χρόνον ἄλλον ἢ τὸν νυνὶ παρόντ᾽ οὐδ᾽ ἂν εἷς εἴποι. τὸν μὲν γὰρ ἄλλον ἅπαντ᾽ εἰς δύο ταῦτα διῄρητο τὰ τῶν Ἑλλήνων, Λακεδαιμονίους καὶ ἡμᾶς, τῶν δ᾽ ἄλλων Ἑλλήνων οἱ μὲν ἡμῖν, οἱ δ᾽ ἐκείνοις ὑπήκουον. βασιλεὺς δὲ καθ᾽ αὑτὸν μὲν ὁμοίως ἅπασιν ἄπιστος ἦν, τοὺς δὲ κρατουμένους τῷ πολέμῳ προσλαμβάνων, ἄχρι οὗ τοῖς ἑτέροις ἐξ ἴσου ποιήσαι, διεπιστεύετο, ἔπειτ᾽ οὐχ ἧττον αὐτὸν ἐμίσουν οὓς σώσειε τῶν ὑπαρχόντων ἐχθρῶν ἐξ ἀρχῆς.

νῦν δὲ πρῶτον μὲν ὁ βασιλεὺς ἅπασι τοῖς ελλησιν οἰκείως ἔχει, καὶ πάντων ἥκιστα δὴ ἡμῖν, ἄν τι μὴ νῦν ἐπανορθωσώμεθα· ἔπειτα προστασίαι πολλαὶ καὶ πανταχόθεν γίγνονται, καὶ τοῦ πρωτεύειν ἀντιποιοῦνται μὲν πάντες, ἀφεστᾶσι δ᾽ ἔργῳ, καὶ φθονοῦσι καὶ ἀπιστοῦσιν αὑτοῖς, οὐχ οἷς ἔδει, καὶ γεγόνασι καθ᾽ αὑτοὺς ἕκαστοι, Ἀργεῖοι, Θηβαῖοι, Λακεδαιμόνιοι, Κορίνθιοι, Ἀρκάδες, ἡμεῖς.

ἀλλ᾽ ὅμως εἰς τοσαῦτα μέρη καὶ τοσαύτας δυναστείας διῃρημένων τῶν Ἑλληνικῶν πραγμάτων, εἰ δεῖ τἀληθῆ μετὰ παρρησίας εἰπεῖν, τὰ παρ᾽ οὐδέσι τούτων ἀρχεῖα καὶ βουλευτήρι᾽ ἐρημότερ᾽ ἄν τις ἴδοι τῶν Ἑλληνικῶν πραγμάτων ἢ τὰ παρ᾽ ἡμῖν, εἰκότως· οὔτε γὰρ φιλῶν οὔτε πιστεύων οὔτε φοβούμενος οὐδεὶς ἡμῖν διαλέγεται.

αἴτιον δὲ τούτων οὐχ ἕν, ὦ ἄνδρες Ἀθηναῖοι, ῥᾴδιον γὰρ ἂν ἦν ὑμῖν μεταθεῖναι, ἀλλὰ πολλὰ καὶ παντοδαπὰ ἐκ παντὸς ἡμαρτημένα τοῦ χρόνου, ὧν τὸ καθ᾽ ἕκαστον ἐάσας, εἰς ὃ πάντα τείνει λέξω, δεηθεὶς ὑμῶν, ἂν λέγω τἀληθῆ μετὰ παρρησίας, μηδὲν ἀχθεσθῆναί μοι. πέπραται τὰ συμφέροντ᾽ ἐφ᾽ ἑκάστου τῶν καιρῶν, καὶ μετειλήφαθ᾽ ὑμεῖς μὲν τὴν σχολὴν καὶ τὴν ἡσυχίαν, ὑφ᾽ ὧν κεκηλημένοι τοῖς ἀδικοῦσιν οὐ πικρῶς ἔχετε, ἕτεροι δὲ τὰς τιμὰς ἔχουσιν.

καὶ τὰ μὲν περὶ τἆλλ᾽ οὐκ ἄξιον ἐξετάσαι νῦν· ἀλλ᾽ ἐπειδάν τι τῶν πρὸς Φίλιππον ἐμπέσῃ, εὐθὺς ἀναστάς τις λέγει ὡς οὐ δεῖ ληρεῖν οὐδὲ γράφειν πόλεμον, παραθεὶς εὐθέως ἑξῆς τὸ τὴν εἰρήνην ἄγειν ὡς ἀγαθὸν καὶ τὸ τρέφειν μεγάλην δύναμιν ὡς χαλεπόν, καὶ διαρπάζειν τινὲς τὰ χρήματα βούλονται, καὶ ἄλλους λόγους ὡς οἷόν τ᾽ ἀληθεστάτους λέγουσιν.

ἀλλὰ δεῖ δήπου τὴν μὲν εἰρήνην ἄγειν οὐχ ὑμᾶς πείθειν, οἳ πεπεισμένοι κάθησθε, ἀλλὰ τὸν τὰ τοῦ πολέμου πράττοντα· ἂν γὰρ ἐκεῖνος πεισθῇ, τά γ᾽ ἀφ᾽ ὑμῶν ὑπάρχει· νομίζειν δ᾽ εἶναι χαλεπὰ οὐχ ὅσ᾽ ἂν εἰς σωτηρίαν δαπανῶμεν, ἀλλ᾽ ἃ πεισόμεθα, ἂν μὴ ταῦτ᾽ ἐθέλωμεν ποιεῖν, καὶ τὸ διαρπασθήσεται τὰ χρήματα τῷ φυλακὴν εὑρεῖν δι᾽ ἧς σωθήσεται κωλύειν, οὐχὶ τῷ τοῦ συμφέροντος ἀποστῆναι.

καίτοι ἔγωγ᾽ ἀγανακτῶ καὶ αὐτὸ τοῦτο, εἰ τὰ μὲν χρήματα λυπεῖ τινὰς ὑμῶν εἰ διαρπασθήσεται, ἃ καὶ φυλάττειν καὶ κολάζειν τοὺς ἀδικοῦντας ἐφ᾽ ὑμῖν ἐστι, τὴν δ᾽ Ἑλλάδα πᾶσαν ἐφεξῆς οὑτωσὶ Φίλιππος ἁρπάζων οὐ λυπεῖ, καὶ ταῦτ᾽ ἐφ᾽ ὑμᾶς ἁρπάζων.

τί ποτ᾽ οὖν, ὦ ἄνδρες Ἀθηναῖοι, τὸν μὲν οὕτω φανερῶς ἀδικοῦντα καὶ πόλεις καταλαμβάνοντα οὐδεὶς πώποτε τούτων εἶπεν ὡς ἀδικεῖ καὶ πόλεμον ποιεῖ, τοὺς δὲ μὴ ἐπιτρέπειν μηδὲ προΐεσθαι ταῦτα συμβουλεύοντας, τούτους πόλεμον ποιεῖν φασίν ὅτι τὴν αἰτίαν τῶν ἐκ τοῦ πολέμου συμβησομένων δυσχερῶν ἀνάγκη γάρ, ἀνάγκη πολλὰ λυπηρὰ ἐκ τοῦ πολέμου γίγνεσθαι τοῖς ὑπὲρ ὑμῶν τὰ βέλτιστα λέγειν εἰθισμένοις ἀναθεῖναι βούλονται.

ἡγοῦνται γάρ, ἂν μὲν ὑμεῖς ὁμοθυμαδὸν ἐκ μιᾶς γνώμης Φίλιππον ἀμύνησθε, κἀκείνου κρατήσειν ὑμᾶς καὶ αὐτοῖς οὐκέτ᾽ ἔσεσθαι μισθαρνεῖν, ἂν δ᾽ ἀπὸ τῶν πρώτων θορύβων αἰτιασάμενοί τινας πρὸς τὸ κρίνειν τράπησθε, αὐτοὶ μὲν τούτων κατηγοροῦντες ἀμφότερ᾽ ἕξειν, καὶ παρ᾽ ὑμῖν εὐδοκιμήσειν καὶ παρ᾽ ἐκείνου χρήματα λήψεσθαι, ὑμᾶς δ᾽ ὑπὲρ ὧν δεῖ παρὰ τούτων δίκην λαβεῖν, παρὰ τῶν ὑπὲρ ὑμῶν εἰρηκότων λήψεσθαι. αἱ μὲν ἐλπίδες αἱ τούτων αὗται καὶ τὸ κατασκεύασμα τὸ τῶν αἰτιῶν, ὡς ἄρα βούλονταί τινες πόλεμον ποιῆσαι.

ἐγὼ δ᾽ οἶδ᾽ ἀκριβῶς ὅτι, οὐ γράψαντος Ἀθηναίων οὐδενὸς πόλεμον, πολλὰ Φίλιππος ἔχει τῶν τῆς πόλεως καὶ νῦν εἰς Καρδίαν πέπομφε βοήθειαν. εἰ μέντοι βουλόμεθ᾽ ἡμεῖς μὴ προσποιεῖσθαι πολεμεῖν ἡμῖν ἐκεῖνον, ἀνοητότατος πάντων ἂν εἴη, εἰ τοῦτ᾽ ἐξελέγχοι· ὅταν γὰρ οἱ ἀδικούμενοι ἀρνῶνται, τί τῷ ἀδικοῦντι προσήκει

ἀλλ᾽ ἐπειδὰν ἐφ᾽ ἡμᾶς αὐτοὺς ἴῃ, τί φήσομεν τότε ἐκεῖνος μὲν γὰρ οὐ πολεμεῖν, ὥσπερ οὐδ᾽ Ὠρείταις, τῶν στρατιωτῶν ὄντων ἐν τῇ χώρᾳ, οὐδὲ Φεραίοις πρότερον, πρὸς τὰ τείχη προσβάλλων, οὐδ᾽ Ὀλυνθίοις ἐξ ἀρχῆς, ἕως ἐν αὐτῇ τῇ χώρᾳ τὸ στράτευμα παρῆν ἔχων. ἢ καὶ τότε τοὺς ἀμύνεσθαι κελεύοντας πόλεμον ποιεῖν φήσομεν οὐκοῦν ὑπόλοιπον δουλεύειν· οὐδὲ γὰρ ἄλλο γ᾽ οὐδὲν ἔνι.

καὶ μὴν οὐχ ὑπὲρ τῶν ἴσων ὑμῖν καὶ τοῖς ἄλλοις ἔσθ᾽ ὁ κίνδυνος· οὐ γὰρ ὑφ᾽ αὑτῷ ποιήσασθαι τὴν πόλιν βούλεται Φίλιππος ὑμῶν, οὔ, ἀλλ᾽ ὅλως ἀνελεῖν. οἶδε γὰρ ἀκριβῶς ὅτι δουλεύειν μὲν ὑμεῖς οὔτ᾽ ἐθελήσετε, οὔτ᾽, ἐὰν ἐθέλητε, ἐπιστήσεσθε ἄρχειν γὰρ εἰώθατε, πράγματα δὲ παρασχεῖν αὐτῷ, ἂν καιρὸν λάβητε, πλείω τῶν ἄλλων ἀνθρώπων ἁπάντων δυνήσεσθε. διὰ ταῦθ᾽ ὑμῶν οὐχὶ φείσεται, εἴπερ ἐγκρατὴς γενήσεται.

ὡς οὖν ὑπὲρ τῶν ἐσχάτων ἐσομένου τοῦ ἀγῶνος, οὕτω προσήκει γιγνώσκειν, καὶ τοὺς πεπρακότας αὐτοὺς ἐκείνῳ φανερῶς ἀποτυμπανίσαι· οὐ γὰρ ἔστιν, οὐκ ἔστι τῶν ἔξω τῆς πόλεως ἐχθρῶν κρατῆσαι, πρὶν ἂν τοὺς ἐν αὐτῇ τῇ πόλει κολάσητ᾽ ἐχθρούς, ἀλλ᾽ ἀνάγκη τούτοις ὥσπερ προβόλοις προσπταίσαντας ὑστερίζειν ἐκείνων.

πόθεν οἴεσθε νῦν αὐτὸν ὑβρίζειν ὑμᾶς οὐδὲν γὰρ ἄλλ᾽ ἔμοιγε δοκεῖ ποιεῖν ἢ τοῦτο καὶ τοὺς μὲν ἄλλους εὖ ποιοῦντα, εἰ μηδὲν ἄλλο, ἐξαπατᾶν, ὑμῖν δ᾽ ἀπειλεῖν ἤδη οἷον Θετταλοὺς πολλὰ δοὺς ὑπηγάγετ᾽ εἰς τὴν νῦν παροῦσαν δουλείαν· οὐδ᾽ ἂν εἰπεῖν δύναιτ᾽ οὐδεὶς ὅσα τοὺς ταλαιπώρους Ὀλυνθίους πρότερον δοὺς Ποτείδαιαν ἐξηπάτησε καὶ πόλλ᾽ ἕτερα· Θηβαίους τὰ νῦν ὑπάγει τὴν Βοιωτίαν αὐτοῖς παραδοὺς καὶ ἀπαλλάξας πολέμου πολλοῦ καὶ χαλεποῦ·

ὥστε καρπωσάμενοί τιν᾽ ἕκαστοι τούτων πλεονεξίαν, οἱ μὲν ἤδη πεπόνθασιν ἃ δὴ πεπόνθασιν, οἱ δ᾽ ὅταν ποτὲ συμβῇ πείσονται. ὑμεῖς δ᾽ ὧν μὲν ἀπεστέρησθε σιωπῶ· ἀλλ᾽ ἐν αὐτῷ τῷ τὴν εἰρήνην ποιήσασθαι, πόσ᾽ ἐξηπάτησθε, πόσων ἀπεστέρησθε. οὐχὶ Φωκέας, οὐ Πύλας, οὐχὶ τἀπὶ Θρᾴκης, Δορίσκον, Σέρριον, τὸν Κερσοβλέπτην αὐτὸν οὐ νῦν Καρδίαν ἔχει καὶ ὁμολογεῖ

τί ποτ᾽ οὖν ἐκείνως τοῖς ἄλλοις, καὶ ὑμῖν οὐ τοῦτον τὸν τρόπον προσφέρεται ὅτι ἐν μόνῃ τῶν πασῶν πόλεων τῇ ὑμετέρᾳ ἄδει᾽ ὑπὲρ τῶν ἐχθρῶν λέγειν δέδοται, καὶ λαβόντα χρήματ᾽ αὐτὸν ἀσφαλές ἐστι λέγειν παρ᾽ ὑμῖν, κἂν ἀφῃρημένοι τὰ ὑμέτερ᾽ αὐτῶν ἦτε.

οὐκ ἦν ἀσφαλὲς λέγειν ἐν Ὀλύνθῳ τὰ Φιλίππου μὴ σὺν εὖ πεπονθότων τῶν πολλῶν Ὀλυνθίων τῷ Ποτείδαιαν καρποῦσθαι· οὐκ ἦν ἀσφαλὲς λέγειν ἐν Θετταλίᾳ μὴ σὺν εὖ πεπονθότος τοῦ πλήθους τοῦ Θετταλῶν τῷ τοὺς τυράννους ἐκβαλεῖν Φίλιππον αὐτοῖς καὶ τὴν Πυλαίαν ἀποδοῦναι· οὐκ ἦν ἐν Θήβαις ἀσφαλές, πρὶν τὴν Βοιωτίαν ἀπέδωκε καὶ τοὺς Φωκέας ἀνεῖλεν.

ἀλλ᾽ Ἀθήνησιν, οὐ μόνον Ἀμφίπολιν καὶ τὴν Καρδιανῶν χώραν ἀπεστερηκότος Φιλίππου, ἀλλὰ καὶ κατασκευάζοντος ὑμῖν ἐπιτείχισμα τὴν Εὔβοιαν καὶ νῦν ἐπὶ Βυζάντιον παριόντος, ἀσφαλές ἐστι λέγειν ὑπὲρ

Φιλίππου. καὶ γάρ τοι τούτων μὲν ἐκ πτωχῶν ἔνιοι ταχὺ πλούσιοι γίγνονται, καὶ ἐξ ἀνωνύμων καὶ ἀδόξων ἔνδοξοι καὶ γνώριμοι, ὑμεῖς δὲ τοὐναντίον ἐκ μὲν ἐνδόξων ἄδοξοι, ἐκ δ᾽ εὐπόρων ἄποροι· πόλεως γὰρ ἔγωγε πλοῦτον ἡγοῦμαι συμμάχους, πίστιν, εὔνοιαν, ὧν πάντων ὑμεῖς ἔστ᾽ ἄποροι. ἐκ δὲ τοῦ τούτων ὀλιγώρως ὑμᾶς ἔχειν καὶ ἐᾶν τοῦτον τὸν τρόπον φέρεσθαι, ὁ μὲν εὐδαίμων καὶ μέγας καὶ φοβερὸς πᾶσιν ελλησι καὶ βαρβάροις, ὑμεῖς δ᾽ ἔρημοι καὶ ταπεινοί, τῇ μὲν κατὰ τὴν ἀγορὰν εὐετηρίᾳ λαμπροί, τῇ δ᾽ ὧν προσῆκε παρασκευῇ καταγέλαστοι.

οὐ τὸν αὐτὸν δὲ τρόπον περί θ᾽ ὑμῶν καὶ περὶ αὐτῶν ἐνίους τῶν λεγόντων ὁρῶ βουλευομένους· ὑμᾶς μὲν γὰρ ἡσυχίαν ἄγειν φασὶ δεῖν, κἄν τις ὑμᾶς ἀδικῇ, αὐτοὶ δ᾽ οὐ δύνανται παρ᾽ ὑμῖν ἡσυχίαν ἄγειν οὐδενὸς αὐτοὺς ἀδικοῦντος. καίτοι λοιδορίας εἴ τις χωρὶς ἔροιτο εἰπέ μοι, τί δὴ γιγνώσκων ἀκριβῶς, Ἀριστόμηδες, οὐδεὶς γὰρ τὰ τοιαῦτ᾽ ἀγνοεῖ τὸν μὲν τῶν ἰδιωτῶν βίον ἀσφαλῆ καὶ ἀπράγμονα καὶ ἀκίνδυνον ὄντα, τὸν δὲ τῶν πολιτευομένων φιλαίτιον καὶ σφαλερὸν καὶ καθ᾽ ἑκάστην ἡμέραν ἀγώνων καὶ κακῶν μεστόν, οὐ τὸν ἡσύχιον, ἀλλὰ τὸν ἐν τοῖς κινδύνοις αἱρεῖ·

τί ἂν εἴποις εἰ γὰρ ὃ βέλτιστον εἰπεῖν ἂν ἔχοις, τοῦτό σοι δοίημεν ἀληθὲς λέγειν, ὡς ὑπὲρ φιλοτιμίας καὶ δόξης ταῦτα πάντα ποιεῖς, θαυμάζω τί δήποτε σαυτῷ μὲν ὑπὲρ τούτων ἅπαντα ποιητέον εἶναι νομίζεις καὶ πονητέον καὶ κινδυνευτέον, τῇ πόλει δὲ προέσθαι ταῦτα μετὰ ῥᾳθυμίας συμβουλεύεις. οὐ γὰρ ἐκεῖνό γ᾽ ἂν εἴποις, ὡς σὲ μὲν ἐν τῇ πόλει δεῖ τινὰ φαίνεσθαι, τὴν πόλιν δ᾽ ἐν τοῖς ελλησι μηδενὸς ἀξίαν εἶναι.

καὶ μὴν οὐδ᾽ ἐκεῖνό γ᾽ ὁρῶ, ὡς τῇ μὲν πόλει ἀσφαλὲς τὸ τὰ αὑτῆς πράττειν, σοὶ δὲ κίνδυνος, εἰ μηδὲν τῶν ἄλλων πλέον περιεργάσει, ἀλλὰ τοὐναντίον σοὶ μὲν ἐξ ὧν ἐργάζει καὶ περιεργάζει τοὺς ἐσχάτους ὄντας κινδύνους, τῇ πόλει δ᾿ ἐκ τῆς ἡσυχίας.

ἀλλὰ νὴ Δία παππῷα σοι καὶ πατρῷα δόξ᾿ ὑπάρχει, ἣν αἰσχρόν ἐστιν ἐν σοὶ καταλῦσαι· τῇ πόλει δ᾿ ὑπῆρξεν ἀνώνυμα καὶ φαῦλα τὰ τῶν προγόνων. ἀλλ᾿ οὐδὲ τοῦθ᾿ οὕτως ἔχει· σοὶ μὲν γὰρ ἦν κλέπτης ὁ πατήρ, εἴπερ ἦν ὅμοιος σοί, τῇ πόλει δ᾿ ἡμῶν οὓς πάντες ἴσασιν οἱ ελληνες ἐκ τῶν μεγίστων κινδύνων σεσωσμένοι.

ἀλλὰ γὰρ οὐκ ἴσως οὐδὲ πολιτικῶς ἔνιοι τὰ καθ᾿ αὑτοὺς καὶ τὰ κατὰ τὴν πόλιν πολιτεύονται· πῶς γὰρ ἐστιν ἴσον τούτων μέν τινας ἐκ τοῦ δεσμωτηρίου ἥκοντας ἑαυτοὺς ἀγνοεῖν, τὴν πόλιν δ᾿, ἣ προειστήκει τῶν Ἑλλήνων τέως καὶ τὸ πρωτεῖον εἶχε, νῦν ἐν ἀδοξίᾳ πάσῃ καὶ ταπεινότητι καθεστάναι

πολλὰ τοίνυν ἔχων ἔτι καὶ περὶ πολλῶν εἰπεῖν παύσομαι· καὶ γὰρ οὐ λόγων ἐνδείᾳ μοι δοκεῖ τὰ πράγματ᾿ οὔτε νῦν οὔτ᾿ ἄλλοτε πώποτε φαύλως ἔχειν, ἀλλ᾿ ὅταν πάντ᾿ ἀκούσαντες ὑμεῖς τὰ δέοντα, καὶ ὁμογνώμονες ὡς ὀρθῶς λέγεται γενόμενοι, τῶν λυμαίνεσθαι καὶ διαστρέφειν ταῦτα βουλομένων ἐξ ἴσου κάθησθ᾿ ἀκροώμενοι, οὐκ ἀγνοοῦντες αὐτούς ἴστε γὰρ εὐθὺς ἰδόντες ἀκριβῶς, τίς μισθοῦ λέγει καὶ τίς ὑπὲρ Φιλίππου πολιτεύεται, καὶ τίς ὡς ἀληθῶς ὑπὲρ τῶν βελτίστων, ἀλλ᾿ ἵν᾿ αἰτιασάμενοι τούτους καὶ τὸ πρᾶγμ᾿ εἰς γέλωτα καὶ λοιδορίαν ἐμβαλόντες μηδὲν αὐτοὶ τῶν δεόντων ποιῆτε.

ταῦτ᾿ ἐστὶ τἀληθῆ, μετὰ πάσης παρρησίας, ἁπλῶς εὐνοίᾳ τὰ βέλτιστ᾿ εἰρημένα, οὐ κολακείᾳ βλάβης καὶ ἀπάτης λόγος μεστός, ἀργύριον τῷ λέγοντι ποιήσων, τὰ δὲ πράγματα τῆς πόλεως τοῖς ἐχθροῖς ἐγχειριῶν. ἢ οὖν παυστέον τούτων τῶν ἐθῶν, ἢ μηδέν᾿ ἄλλον αἰτιατέον τοῦ πάντα φαύλως ἔχειν ἢ ὑμᾶς αὐτούς.

Ολυνθιακός Α'

ἀντὶ πολλῶν ἄν, ὦ ἄνδρες Ἀθηναῖοι, χρημάτων ὑμᾶς ἑλέσθαι νομίζω, εἰ φανερὸν γένοιτο τὸ μέλλον συνοίσειν τῇ πόλει περὶ ὧν νυνὶ σκοπεῖτε. ὅτε τοίνυν τοῦθ᾽ οὕτως ἔχει, προσήκει προθύμως ἐθέλειν ἀκούειν τῶν βουλομένων συμβουλεύειν· οὐ γὰρ μόνον εἴ τι χρήσιμον ἐσκεμμένος ἥκει τις, τοῦτ᾽ ἂν ἀκούσαντες λάβοιτε, ἀλλὰ καὶ τῆς ὑμετέρας τύχης ὑπολαμβάνω πολλὰ τῶν δεόντων ἐκ τοῦ παραχρῆμ᾽ ἐνίοις ἂν ἐπελθεῖν εἰπεῖν, ὥστ᾽ ἐξ ἁπάντων ῥᾳδίαν τὴν τοῦ συμφέροντος ὑμῖν αἵρεσιν γενέσθαι.

ὁ μὲν οὖν παρὼν καιρός, ὦ ἄνδρες Ἀθηναῖοι, μόνον οὐχὶ λέγει φωνὴν ἀφιεὶς ὅτι τῶν πραγμάτων ὑμῖν ἐκείνων αὐτοῖς ἀντιληπτέον ἐστίν, εἴπερ ὑπὲρ σωτηρίας αὐτῶν φροντίζετε· ἡμεῖς δ᾽ οὐκ οἶδ᾽ ὅντινά μοι δοκοῦμεν ἔχειν τρόπον πρὸς αὐτά. ἔστι δὴ τά γ᾽ ἐμοὶ δοκοῦντα, ψηφίσασθαι μὲν ἤδη τὴν βοήθειαν, καὶ παρασκευάσασθαι τὴν ταχίστην ὅπως ἐνθένδε βοηθήσετε (καὶ μὴ πάθητε ταὐτὸν ὅπερ καὶ πρότερον), πρεσβείαν δὲ πέμπειν, ἥτις ταῦτ᾽ ἐρεῖ καὶ παρέσται τοῖς πράγμασιν·

ὡς ἔστι μάλιστα τοῦτο δέος, μὴ πανοῦργος ὢν καὶ δεινὸς ἄνθρωπος πράγμασι χρῆσθαι, τὰ μὲν εἴκων, ἡνίκ᾽ ἂν τύχῃ, τὰ δ᾽ ἀπειλῶν (ἀξιόπιστος δ᾽ ἂν εἰκότως φαίνοιτο), τὰ δ᾽ ἡμᾶς διαβάλλων καὶ τὴν ἀπουσίαν τὴν ἡμετέραν, τρέψηται καὶ παρασπάσηταί τι τῶν ὅλων πραγμάτων.

οὐ μὴν ἀλλ᾽ ἐπιεικῶς, ὦ ἄνδρες Ἀθηναῖοι, τοῦθ᾽ ὃ

δυσμαχώτατόν ἐστι τῶν Φιλίππου πραγμάτων, καὶ βέλτιστον ὑμῖν· τὸ γὰρ εἶναι πάντων ἐκεῖνον ἕν᾽ ὄντα κύριον καὶ ῥητῶν καὶ ἀπορρήτων καὶ ἅμα στρατηγὸν καὶ δεσπότην καὶ ταμίαν, καὶ πανταχοῦ αὐτὸν παρεῖναι τῷ στρατεύματι, πρὸς μὲν τὸ τὰ τοῦ πολέμου ταχὺ καὶ κατὰ καιρὸν πράττεσθαι πολλῷ προέχει, πρὸς δὲ τὰς καταλλαγάς, ἃς ἂν ἐκεῖνος ποιήσαιτ᾽ ἄσμενος πρὸς Ὀλυνθίους, ἐναντίως ἔχει.

δῆλον γάρ ἐστι τοῖς Ὀλυνθίοις ὅτι νῦν οὐ περὶ δόξης οὐδ᾽ ὑπὲρ μέρους χώρας πολεμοῦσιν, ἀλλ᾽ ἀναστάσεως καὶ ἀνδραποδισμοῦ τῆς πατρίδος, καὶ ἴσασιν ἅ τ᾽ Ἀμφιπολιτῶν ἐποίησε τοὺς παραδόντας αὐτῷ τὴν πόλιν καὶ Πυδναίων τοὺς ὑποδεξαμένους· καὶ ὅλως ἄπιστον, οἶμαι, ταῖς πολιτείαις ἡ τυραννίς, ἄλλως τε κἂν ὅμορον χώραν ἔχωσι.

ταῦτ᾽ οὖν ἐγνωκότας ὑμᾶς, ὦ ἄνδρες Ἀθηναῖοι, καὶ τἄλλ᾽ ἃ προσήκει πάντ᾽ ἐνθυμουμένους φημὶ δεῖν ἐθελῆσαι καὶ παροξυνθῆναι καὶ τῷ πολέμῳ προσέχειν εἴπερ ποτὲ καὶ νῦν, χρήματ᾽ εἰσφέροντας προθύμως καὶ αὐτοὺς ἐξιόντας καὶ μηδὲν ἐλλείποντας. οὐδὲ γὰρ λόγος οὐδὲ σκῆψις ἔθ᾽ ὑμῖν τοῦ μὴ τὰ δέοντα ποιεῖν ἐθέλειν ὑπολείπεται.

νυνὶ γάρ, ὃ πάντες ἐθρύλουν τέως, Ὀλυνθίους ἐκπολεμῶσαι δεῖν Φιλίππῳ, γέγονεν αὐτόματον, καὶ ταῦθ᾽ ὡς ἂν ὑμῖν μάλιστα συμφέροι. εἰ μὲν γὰρ ὑφ᾽ ὑμῶν πεισθέντες ἀνείλοντο τὸν πόλεμον, σφαλεροὶ σύμμαχοι καὶ μέχρι του ταῦτ᾽ ἂν ἐγνωκότες ἦσαν ἴσως· ἐπειδὴ δ᾽ ἐκ τῶν πρὸς αὐτοὺς ἐγκλημάτων μισοῦσι, βεβαίαν εἰκὸς τὴν ἔχθραν αὐτοὺς ὑπὲρ ὧν φοβοῦνται καὶ πεπόνθασιν ἔχειν.

οὐ δεῖ δὴ τοιοῦτον, ὦ ἄνδρες Ἀθηναῖοι, παραπεπτωκότα καιρὸν ἀφεῖναι, οὐδὲ παθεῖν ταὐτὸν ὅπερ ἤδη πολλάκις πρότερον πεπόνθατε. εἰ γάρ, ὅθ᾽ ἥκομεν Εὐβοεῦσιν βεβοηθηκότες καὶ παρῆσαν

Ἀμφιπολιτῶν Ἱέραξ καὶ Στρατοκλῆς ἐπὶ τουτὶ τὸ βῆμα, κελεύοντες ἡμᾶς πλεῖν καὶ παραλαμβάνειν τὴν πόλιν, τὴν αὐτὴν παρειχόμεθ᾽ ἡμεῖς ὑπὲρ ἡμῶν αὐτῶν προθυμίαν ἥνπερ ὑπὲρ τῆς Εὐβοέων σωτηρίας, εἴχετ᾽ ἂν Ἀμφίπολιν τότε καὶ πάντων τῶν μετὰ ταῦτ᾽ ἂν ἦτ᾽ ἀπηλλαγμένοι πραγμάτων.

καὶ πάλιν ἡνίκα Πύδνα, Ποτείδαια, Μεθώνη, Παγασαί, τἆλλα, ἵνα μὴ καθ᾽ ἕκαστα λέγων διατρίβω, πολιορκούμεν᾽ ἀπηγγέλλετο, εἰ τότε τούτων ἑνὶ τῷ πρώτῳ προθύμως καὶ ὡς προσῆκεν ἐβοηθήσαμεν αὐτοί, ῥᾴονι καὶ πολὺ ταπεινοτέρῳ νῦν ἂν ἐχρώμεθα τῷ Φιλίππῳ. νῦν δὲ τὸ μὲν παρὸν ἀεὶ προϊέμενοι, τὰ δὲ μέλλοντ᾽ αὐτόματ᾽ οἰόμενοι σχήσειν καλῶς, ηὐξήσαμεν, ὦ ἄνδρες Ἀθηναῖοι, Φίλιππον ἡμεῖς καὶ κατεστήσαμεν τηλικοῦτον ἡλίκος οὐδείς πω βασιλεὺς γέγονεν Μακεδονίας. νυνὶ δὴ καιρὸς ἥκει τις, οὗτος ὁ τῶν Ὀλυνθίων, αὐτόματος τῇ πόλει, ὃς οὐδενός ἐστιν ἐλάττων τῶν προτέρων ἐκείνων.

καὶ ἔμοιγε δοκεῖ τις ἄν, ὦ ἄνδρες Ἀθηναῖοι, δίκαιος λογιστὴς τῶν παρὰ τῶν θεῶν ἡμῖν ὑπηργμένων καταστάς, καίπερ οὐκ ἐχόντων ὡς δεῖ πολλῶν, ὅμως μεγάλην ἂν ἔχειν αὐτοῖς χάριν, εἰκότως· τὸ μὲν γὰρ πόλλ᾽ ἀπολωλεκέναι κατὰ τὸν πόλεμον τῆς ἡμετέρας ἀμελείας ἄν τις θείη δικαίως, τὸ δὲ μήτε πάλαι τοῦτο πεπονθέναι πεφηνέναι τέ τιν᾽ ἡμῖν συμμαχίαν τούτων ἀντίρροπον, ἂν βουλώμεθα χρῆσθαι, τῆς παρ᾽ ἐκείνων εὐνοίας εὐεργέτημ᾽ ἂν ἔγωγε θείην.

ἀλλ᾽, οἶμαι, παρόμοιόν ἐστιν ὅπερ καὶ περὶ τῆς τῶν χρημάτων κτήσεως· ἂν μὲν γάρ, ὅσ᾽ ἄν τις λάβῃ, καὶ σώσῃ, μεγάλην ἔχει τῇ τύχῃ τὴν χάριν, ἂν δ᾽ ἀναλώσας λάθῃ, συνανήλωσε καὶ τὸ μεμνῆσθαι τὴν χάριν. καὶ περὶ τῶν πραγμάτων οὕτως οἱ μὴ χρησάμενοι τοῖς καιροῖς ὀρθῶς, οὐδ᾽ εἰ συνέβη τι παρὰ τῶν θεῶν χρηστὸν μνημονεύουσι· πρὸς γὰρ τὸ τελευταῖον ἐκβὰν ἕκαστον τῶν πρὶν ὑπαρξάντων κρίνεται. διὸ καὶ σφόδρα δεῖ τῶν λοιπῶν ὑμᾶς, ὦ ἄνδρες Ἀθηναῖοι, φροντίσαι, ἵνα ταῦτ᾽ ἐπανορθωσάμενοι τὴν ἐπὶ τοῖς πεπραγμένοις ἀδοξίαν ἀποτριψώμεθα.

εἰ δὲ προησόμεθ᾽, ὦ ἄνδρες Ἀθηναῖοι, καὶ τούτους τοὺς ἀνθρώπους, εἶτ᾽ Ὄλυνθον ἐκεῖνος καταστρέψεται, φρασάτω τις ἐμοὶ τί τὸ κωλῦον ἔτ᾽ αὐτὸν ἔσται βαδίζειν ὅποι βούλεται. ἆρα λογίζεταί τις ὑμῶν, ὦ ἄνδρες Ἀθηναῖοι, καὶ θεωρεῖ τὸν τρόπον δι᾽ ὃν μέγας γέγονεν ἀσθενὴς ὢν τὸ κατ᾽ ἀρχὰς Φίλιππος; τὸ πρῶτον Ἀμφίπολιν λαβών, μετὰ ταῦτα Πύδναν, πάλιν Ποτείδαιαν, Μεθώνην αὖθις, εἶτα Θετταλίας ἐπέβη·

μετὰ ταῦτα Φεράς, Παγασάς, Μαγνησίαν, πάνθ᾽ ὃν ἐβούλετ᾽ εὐτρεπίσας τρόπον ᾤχετ᾽ εἰς Θρᾴκην· εἶτ᾽ ἐκεῖ τοὺς μὲν ἐκβαλὼν τοὺς δὲ καταστήσας τῶν βασιλέων ἠσθένησε· πάλιν ῥάσας οὐκ ἐπὶ τὸ ῥᾳθυμεῖν ἀπέκλινεν, ἀλλ᾽ εὐθὺς Ὀλυνθίοις ἐπεχείρησεν. τὰς δ᾽ ἐπ᾽ Ἰλλυριοὺς καὶ Παίονας αὐτοῦ καὶ πρὸς Ἀρύββαν καὶ ὅποι τις ἂν εἴποι παραλείπω στρατείας.

τί οὖν, ἄν τις εἴποι, ταῦτα λέγεις ἡμῖν νῦν; ἵνα γνῶτ᾽, ὦ ἄνδρες Ἀθηναῖοι, καὶ αἴσθησθ᾽ ἀμφότερα, καὶ τὸ προΐεσθαι καθ᾽ ἕκαστον ἀεί τι τῶν πραγμάτων ὡς ἀλυσιτελές, καὶ τὴν φιλοπραγμοσύνην ᾗ χρῆται καὶ συζῇ Φίλιππος, ὑφ᾽ ἧς οὐκ ἔστιν ὅπως ἀγαπήσας τοῖς πεπραγμένοις ἡσυχίαν σχήσει. εἰ δ᾽ ὁ μὲν ὡς ἀεί τι μεῖζον τῶν ὑπαρχόντων δεῖ πράττειν ἐγνωκὼς ἔσται, ἡμεῖς δ᾽ ὡς οὐδενὸς ἀντιληπτέον ἐρρωμένως τῶν πραγμάτων, σκοπεῖσθ᾽ εἰς τί ποτ᾽ ἐλπὶς ταῦτα τελευτῆσαι.

πρὸς θεῶν, τίς οὕτως εὐήθης ἐστὶν ὑμῶν ὅστις ἀγνοεῖ τὸν ἐκεῖθεν πόλεμον δεῦρ᾽ ἥξοντα, ἂν ἀμελήσωμεν; ἀλλὰ μήν, εἰ τοῦτο γενήσεται, δέδοικ᾽, ὦ ἄνδρες Ἀθηναῖοι, μὴ τὸν αὐτὸν τρόπον ὥσπερ οἱ δανειζόμενοι ῥᾳδίως ἐπὶ τοῖς μεγάλοις τόκοις μικρὸν εὐπορήσαντες χρόνον ὕστερον καὶ τῶν ἀρχαίων ἀπέστησαν, οὕτω καὶ ἡμεῖς ἂν ἐπὶ πολλῷ φανῶμεν ἐρρᾳθυμηκότες, καὶ ἅπαντα πρὸς ἡδονὴν ζητοῦντες πολλὰ καὶ χαλεπὰ ὧν οὐκ ἐβουλόμεθ᾽ ὕστερον εἰς ἀνάγκην ἔλθωμεν ποιεῖν, καὶ κινδυνεύσωμεν περὶ τῶν ἐν αὐτῇ τῇ χώρᾳ.

τὸ μὲν οὖν ἐπιτιμᾶν ἴσως φήσαι τις ἂν ῥᾴδιον καὶ παντὸς εἶναι, τὸ δ᾽ ὑπὲρ τῶν παρόντων ὅ τι δεῖ πράττειν ἀποφαίνεσθαι, τοῦτ᾽ εἶναι συμβούλου. ἐγὼ δ᾽ οὐκ ἀγνοῶ μέν, ὦ ἄνδρες Ἀθηναῖοι, τοῦθ᾽ ὅτι πολλάκις ὑμεῖς οὐ τοὺς αἰτίους, ἀλλὰ τοὺς ὑστάτους περὶ τῶν πραγμάτων εἰπόντας ἐν ὀργῇ ποιεῖσθε, ἄν τι μὴ κατὰ γνώμην ἐκβῇ· οὐ μὴν οἶμαι δεῖν τὴν ἰδίαν ἀσφάλειαν σκοπoῦνθ᾽ ὑποστείλασθαι περὶ ὧν ὑμῖν συμφέρειν ἡγοῦμαι.

φημὶ δὴ διχῇ βοηθητέον εἶναι τοῖς πράγμασιν ὑμῖν, τῷ τε τὰς πόλεις τοῖς Ὀλυνθίοις σῴζειν καὶ τοὺς τοῦτο ποιήσοντας στρατιώτας ἐκπέμπειν, καὶ τῷ τὴν ἐκείνου χώραν κακῶς ποιεῖν καὶ τριήρεσι καὶ στρατιώταις ἑτέροις·

εἰ δὲ θατέρου τούτων ὀλιγωρήσετε, ὀκνῶ μὴ μάταιος ἡμῖν ἡ στρατεία γένηται. εἴτε γὰρ ὑμῶν τὴν ἐκείνου κακῶς ποιούντων, ὑπομείνας τοῦτ᾽ Ὄλυνθον παραστήσεται, ῥᾳδίως ἐπὶ τὴν οἰκείαν ἐλθὼν ἀμυνεῖται· εἴτε βοηθησάντων μόνον ὑμῶν εἰς Ὄλυνθον, ἀκινδύνως ὁρῶν ἔχοντα τὰ οἴκοι, προσκαθεδεῖται καὶ προσεδρεύσει τοῖς πράγμασι, περιέσται τῷ χρόνῳ τῶν πολιορκουμένων. δεῖ δὴ πολλὴν καὶ διχῇ τὴν βοήθειαν εἶναι.

καὶ περὶ μὲν τῆς βοηθείας ταῦτα γιγνώσκω· περὶ δὲ χρημάτων πόρου, ἔστιν, ὦ ἄνδρες Ἀθηναῖοι, χρήμαθ᾽ ὑμῖν, ἔστιν ὅσ᾽ οὐδενὶ τῶν ἄλλων ἀνθρώπων στρατιωτικά· ταῦτα δ᾽ ὑμεῖς οὕτως ὡς βούλεσθε λαμβάνετε. εἰ μὲν οὖν ταῦτα τοῖς στρατευομένοις ἀποδώσετε, οὐδενὸς ὑμῖν προσδεῖ πόρου, εἰ δὲ μή, προσδεῖ, μᾶλλον δ᾽ ἅπαντος ἐνδεῖ τοῦ πόρου. 'τί οὖν;' ἄν τις εἴποι, 'σὺ γράφεις ταῦτ᾽ εἶναι στρατιωτικά' μὰ Δί᾽ οὐκ ἔγωγε.

ἐγὼ μὲν γὰρ ἡγοῦμαι στρατιώτας δεῖν
κατασκευασθῆναι καὶ ταῦτ᾽ εἶναι στρατιωτικὰ καὶ μίαν
σύνταξιν εἶναι τὴν αὐτὴν τοῦ τε λαμβάνειν καὶ τοῦ ποιεῖν
τὰ δέοντα, ὑμεῖς δ᾽ οὕτω πως ἄνευ πραγμάτων λαμβάνειν
εἰς τὰς ἑορτάς. ἔστι δὴ λοιπόν, οἶμαι, πάντας εἰσφέρειν, ἂν
πολλῶν δέῃ, πολλά, ἂν ὀλίγων, ὀλίγα. δεῖ δὲ χρημάτων,
καὶ ἄνευ τούτων οὐδὲν ἔστι γενέσθαι τῶν δεόντων.
λέγουσι δὲ καὶ ἄλλους τινὰς ἄλλοι πόρους, ὧν ἔλεσθ᾽
ὅστις ὑμῖν συμφέρειν δοκεῖ· καὶ ἕως ἐστὶ καιρός,
ἀντιλάβεσθε τῶν πραγμάτων.

ἄξιον δ᾽ ἐνθυμηθῆναι καὶ λογίσασθαι τὰ πράγματ᾽ ἐν
ᾧ καθέστηκε νυνὶ τὰ Φιλίππου. οὔτε γάρ, ὡς δοκεῖ καὶ
φήσειέ τις ἂν μὴ σκοπῶν ἀκριβῶς, εὐτρεπῶς οὐδ᾽ ὡς ἂν
κάλλιστ᾽ αὐτῷ τὰ παρόντ᾽ ἔχει, οὔτ᾽ ἂν ἐξήνεγκε τὸν
πόλεμόν ποτε τοῦτον ἐκεῖνος, εἰ πολεμεῖν ᾠήθη δεήσειν
αὐτόν, ἀλλ᾽ ὡς ἐπιὼν ἅπαντα τότ᾽ ἤλπιζε τὰ πράγματ᾽
ἀναιρήσεσθαι, κᾆτα διέψευσται. τοῦτο δὴ πρῶτον αὐτὸν
ταράττει παρὰ γνώμην γεγονὸς καὶ πολλὴν ἀθυμίαν
αὐτῷ παρέχει, εἶτα τὰ τῶν Θετταλῶν.

ταῦτα γὰρ ἄπιστα μὲν ἦν δήπου φύσει καὶ ἀεὶ πᾶσιν
ἀνθρώποις, κομιδῇ δ᾽, ὥσπερ ἦν, καὶ ἔστι νῦν τούτῳ. καὶ
γὰρ Παγασὰς ἀπαιτεῖν αὐτόν εἰσιν ἐψηφισμένοι, καὶ
Μαγνησίαν κεκωλύκασι τειχίζειν. ἤκουον δ᾽ ἔγωγέ τινων,
ὡς οὐδὲ τοὺς λιμένας καὶ τὰς ἀγορὰς ἔτι δώσοιεν αὐτῷ
καρποῦσθαι· τὰ γὰρ κοινὰ τὰ Θετταλῶν ἀπὸ τούτων δέοι
διοικεῖν, οὐ Φίλιππον λαμβάνειν. εἰ δὲ τούτων
ἀποστερήσεται τῶν χρημάτων, εἰς στενὸν κομιδῇ τὰ τῆς
τροφῆς τοῖς ξένοις αὐτῷ καταστήσεται.

ἀλλὰ μὴν τόν γε Παίονα καὶ τὸν Ἰλλυριὸν καὶ ἁπλῶς
τούτους ἅπαντας ἡγεῖσθαι χρὴ αὐτονόμους ἥδιον ἂν καὶ
ἐλευθέρους ἢ δούλους εἶναι· καὶ γὰρ ἀήθεις τοῦ
κατακούειν τινός εἰσι, καὶ ἄνθρωπος ὑβριστής, ὥς φασιν.
καὶ μὰ Δί᾽ οὐδὲν ἄπιστον ἴσως· τὸ γὰρ εὖ πράττειν παρὰ

τὴν ἀξίαν ἀφορμὴ τοῦ κακῶς φρονεῖν τοῖς ἀνοήτοις γίγνεται· διόπερ πολλάκις δοκεῖ τὸ φυλάξαι τἀγαθὰ τοῦ κτήσασθαι χαλεπώτερον εἶναι.

δεῖ τοίνυν ὑμᾶς, ὦ ἄνδρες Ἀθηναῖοι, τὴν ἀκαιρίαν τὴν ἐκείνου καιρὸν ὑμέτερον νομίσαντας ἑτοίμως συνάρασθαι τὰ πράγματα, καὶ πρεσβευομένους ἐφ᾽ ἃ δεῖ καὶ στρατευομένους αὐτοὺς καὶ παροξύνοντας τοὺς ἄλλους ἅπαντας, λογιζομένους, εἰ Φίλιππος λάβοι καθ᾽ ἡμῶν τοιοῦτον καιρὸν καὶ πόλεμος γένοιτο πρὸς τῇ χώρᾳ, πῶς ἂν αὐτὸν οἴεσθ᾽ ἑτοίμως ἐφ᾽ ὑμᾶς ἐλθεῖν; εἶτ᾽ οὐκ αἰσχύνεσθε, εἰ μηδ᾽ ἃ πάθοιτ᾽ ἄν, εἰ δύναιτ᾽ ἐκεῖνος, ταῦτα ποιῆσαι καιρὸν ἔχοντες οὐ τολμήσετε;

ἔτι τοίνυν, ὦ ἄνδρες Ἀθηναῖοι, μηδὲ τοῦθ᾽ ὑμᾶς λανθανέτω, ὅτι νῦν αἵρεσίς ἐστιν ὑμῖν πότερ᾽ ὑμᾶς ἐκεῖ χρὴ πολεμεῖν ἢ παρ᾽ ὑμῖν ἐκεῖνον. ἐὰν μὲν γὰρ ἀντέχῃ τὰ τῶν Ὀλυνθίων, ὑμεῖς ἐκεῖ πολεμήσετε καὶ τὴν ἐκείνου κακῶς ποιήσετε, τὴν ὑπάρχουσαν καὶ τὴν οἰκείαν ταύτην ἀδεῶς καρπούμενοι· ἂν δ᾽ ἐκεῖνα Φίλιππος λάβῃ, τίς αὐτὸν κωλύσει δεῦρο βαδίζειν; Θηβαῖοι;

μὴ λίαν πικρὸν εἰπεῖν ἢ-- καὶ συνεισβαλοῦσιν ἑτοίμως. ἀλλὰ Φωκεῖς; οἱ τὴν οἰκείαν οὐχ οἷοί τε ὄντες φυλάττειν, ἐὰν μὴ βοηθήσηθ᾽ ὑμεῖς. ἢ ἄλλος τις; ἀλλ᾽, ὦ τᾶν, οὐχὶ βουλήσεται. τῶν ἀτοπωτάτων μεντἂν εἴη, εἰ ἃ νῦν ἄνοιαν ὀφλισκάνων ὅμως ἐκλαλεῖ, ταῦτα δυνηθεὶς μὴ πράξει.

ἀλλὰ μὴν ἡλίκα γ᾽ ἐστὶν τὰ διάφορ᾽ ἐνθάδ᾽ ἢ ἐκεῖ πολεμεῖν, οὐδὲ λόγου προσδεῖν ἡγοῦμαι. εἰ γὰρ ὑμᾶς δεήσειεν αὐτοὺς τριάκονθ᾽ ἡμέρας μόνας ἔξω γενέσθαι, καὶ ὅσ᾽ ἀνάγκη στρατοπέδῳ χρωμένους τῶν ἐκ τῆς χώρας λαμβάνειν, μηδενὸς ὄντος ἐν αὐτῇ πολεμίου λέγω, πλείον᾽ ἂν οἶμαι ζημιωθῆναι τοὺς γεωργοῦντας ὑμῶν ἢ ὅσ᾽ εἰς ἅπαντα τὸν πρὸ τοῦ πόλεμον δεδαπάνησθε. εἰ δὲ δὴ πόλεμός τις ἥξει, πόσα χρὴ νομίσαι ζημιώσεσθαι; καὶ πρόσεσθ᾽ ἡ ὕβρις καὶ ἔθ᾽ ἡ τῶν πραγμάτων αἰσχύνη, οὐδεμιᾶς ἐλάττων ζημίας τοῖς γε σώφροσιν.

πάντα δὴ ταῦτα δεῖ συνιδόντας ἅπαντας βοηθεῖν καὶ ἀπωθεῖν ἐκεῖσε τὸν πόλεμον, τοὺς μὲν εὐπόρους, ἵν᾽ ὑπὲρ τῶν πολλῶν ὧν καλῶς ποιοῦντες ἔχουσι μικρ᾽ ἀναλίσκοντες τὰ λοιπὰ καρπῶνται ἀδεῶς, τοὺς δ᾽ ἐν ἡλικίᾳ, ἵνα τὴν τοῦ πολεμεῖν ἐμπειρίαν ἐν τῇ Φιλίππου χώρᾳ κτησάμενοι φοβεροὶ φύλακες τῆς οἰκείας ἀκεραίου γένωνται, τοὺς δὲ λέγοντας, ἵν᾽ αἱ τῶν πεπολιτευμένων αὐτοῖς εὔθυναι ῥᾴδιαι γένωνται, ὡς ὁποῖ᾽ ἄττ᾽ ἂν ὑμᾶς περιστῇ τὰ πράγματα, τοιοῦτοι κριταὶ καὶ τῶν πεπραγμένων αὐτοῖς ἔσεσθε. χρηστὰ δ᾽ εἴη παντὸς εἴνεκα.

Ολυνθιακός Β'

ἐπὶ πολλῶν μὲν ἄν τις ἰδεῖν, ὦ ἄνδρες Ἀθηναῖοι, δοκεῖ μοι τὴν παρὰ τῶν θεῶν εὔνοιαν φανερὰν γιγνομένην τῇ πόλει, οὐχ ἥκιστα δ᾽ ἐν τοῖς παροῦσι πράγμασι· τὸ γὰρ τοὺς πολεμήσοντας Φιλίππῳ γεγενῆσθαι καὶ χώραν ὅμορον καὶ δύναμίν τινα κεκτημένους, καὶ τὸ μέγιστον ἁπάντων, τὴν ὑπὲρ τοῦ πολέμου γνώμην τοιαύτην ἔχοντας ὥστε τὰς πρὸς ἐκεῖνον διαλλαγὰς πρῶτον μὲν ἀπίστους, εἶτα τῆς ἑαυτῶν πατρίδος νομίζειν ἀνάστασιν, δαιμονίᾳ τινὶ καὶ θείᾳ παντάπασιν ἔοικεν εὐεργεσίᾳ.

δεῖ τοίνυν, ὦ ἄνδρες Ἀθηναῖοι, τοῦτ᾽ ἤδη σκοπεῖν αὐτούς, ὅπως μὴ χείρους περὶ ἡμᾶς αὐτοὺς εἶναι δόξομεν τῶν ὑπαρχόντων, ὡς ἔστι τῶν αἰσχρῶν, μᾶλλον δὲ τῶν αἰσχίστων, μὴ μόνον πόλεων καὶ τόπων ὧν ἦμέν ποτε κύριοι φαίνεσθαι προϊεμένους, ἀλλὰ καὶ τῶν ὑπὸ τῆς τύχης παρασκευασθέντων συμμάχων καὶ καιρῶν.

τὸ μὲν οὖν, ὦ ἄνδρες Ἀθηναῖοι, τὴν Φιλίππου ῥώμην διεξιέναι καὶ διὰ τούτων τῶν λόγων προτρέπειν τὰ δέοντα ποιεῖν ὑμᾶς, οὐχὶ καλῶς ἔχειν ἡγοῦμαι. διὰ τί; ὅτι μοι δοκεῖ πάνθ᾽ ὅσ᾽ ἂν εἴποι τις ὑπὲρ τούτων, ἐκείνῳ μὲν ἔχειν φιλοτιμίαν, ἡμῖν δ᾽ οὐχὶ καλῶς πεπρᾶχθαι. ὁ μὲν γὰρ ὅσῳ πλείον᾽ ὑπὲρ τὴν ἀξίαν πεποίηκε τὴν αὑτοῦ, τοσούτῳ θαυμαστότερος παρὰ πᾶσι νομίζεται· ὑμεῖς δ᾽ ὅσῳ χεῖρον ἢ προσῆκε κέχρησθε τοῖς πράγμασι, τοσούτῳ πλείον᾽ αἰσχύνην ὠφλήκατε. ταῦτα μὲν οὖν παραλείψω. καὶ γὰρ εἰ μετ᾽ ἀληθείας τις, ὦ ἄνδρες Ἀθηναῖοι, σκοποῖτο, ἐνθένδ᾽ ἂν αὐτὸν ἴδοι μέγαν γεγενημένον, οὐχὶ παρ᾽ αὑτοῦ. ὧν οὖν ἐκεῖνος μὲν ὀφείλει τοῖς ὑπὲρ αὑτοῦ πεπολιτευμένοις χάριν, ὑμῖν δὲ δίκην προσήκει λαβεῖν, τούτων οὐχὶ νῦν ὁρῶ τὸν καιρὸν τοῦ λέγειν· ἃ δὲ καὶ χωρὶς τούτων ἔνι, καὶ βέλτιόν ἐστιν ἀκηκοέναι πάντας ὑμᾶς, καὶ μεγάλ᾽, ὦ ἄνδρες Ἀθηναῖοι, κατ᾽ ἐκείνου φαίνοιτ᾽ ἂν ὀνείδη βουλομένοις ὀρθῶς δοκιμάζειν, ταῦτ᾽ εἰπεῖν πειράσομαι.

τὸ μὲν οὖν ἐπίορκον κἄπιστον καλεῖν ἄνευ τοῦ τὰ πεπραγμένα δεικνύναι λοιδορίαν εἶναί τις ἂν φήσειε κενὴν δικαίως· τὸ δὲ πάνθ᾽ ὅσα πώποτ᾽ ἔπραξε διεξιόντα ἐφ᾽ ἅπασι τούτοις ἐλέγχειν, καὶ βραχέος λόγου συμβαίνει δεῖσθαι, καὶ δυοῖν ἕνεχ᾽ ἡγοῦμαι συμφέρειν εἰρῆσθαι, τοῦ τ᾽ ἐκεῖνον, ὅπερ καὶ ἀληθές ὑπάρχει, φαῦλον φαίνεσθαι, καὶ τοὺς ὑπερεκπεπληγμένους ὡς ἄμαχόν τινα τὸν Φίλιππον ἰδεῖν ὅτι πάντα διεξελήλυθεν οἷς πρότερον παρακρουόμενος μέγας ηὐξήθη, καὶ πρὸς αὐτὴν ἥκει τὴν τελευτὴν τὰ πράγματ᾽ αὐτῷ.

ἐγὼ γάρ, ὦ ἄνδρες Ἀθηναῖοι, σφόδρ᾽ ἂν ἡγούμην καὶ αὐτὸς φοβερὸν τὸν Φίλιππον καὶ θαυμαστόν, εἰ τὰ δίκαια πράττονθ᾽ ἑώρων ηὐξημένον· νῦν δὲ θεωρῶν καὶ σκοπῶν εὑρίσκω τὴν μὲν ἡμετέραν εὐήθειαν τὸ κατ᾽ ἀρχάς, ὅτ᾽ Ὀλυνθίους ἀπήλαυνόν τινες ἐνθένδε βουλομένους ὑμῖν διαλεχθῆναι, τῷ τὴν Ἀμφίπολιν φάσκειν παραδώσειν καὶ τὸ θρυλούμενόν ποτ᾽ ἀπόρρητον ἐκεῖνο κατασκευάσαι,

τούτῳ προσαγαγόμενον, τὴν δ᾽ Ὀλυνθίων φιλίαν μετὰ

ταῦτα τῷ Ποτείδαιαν οὖσαν ὑμετέραν ἐξελεῖν καὶ τοὺς μὲν πρότερον συμμάχους ὑμᾶς ἀδικῆσαι, παραδοῦναι δ᾽ ἐκείνοις, Θετταλοὺς δὲ νῦν τὰ τελευταῖα τῷ Μαγνησίαν παραδώσειν ὑποσχέσθαι καὶ τὸν Φωκικὸν πόλεμον πολεμήσειν ὑπὲρ αὐτῶν ἀναδέξασθαι. ὅλως δ᾽ οὐδεὶς ἔστιν ὅντιν᾽ οὐ πεφενάκικ᾽ ἐκεῖνος τῶν αὐτῷ χρησαμένων· τὴν γὰρ ἑκάστων ἄνοιαν ἀεὶ τῶν ἀγνοούντων αὐτὸν ἐξαπατῶν καὶ προσλαμβάνων οὕτως ηὐξήθη.

ὥσπερ οὖν διὰ τούτων ἤρθη μέγας, ἡνίχ᾽ ἕκαστοι συμφέρον αὐτὸν ἑαυτοῖς ᾤοντό τι πράξειν, οὕτως ὀφείλει διὰ τῶν αὐτῶν τούτων καὶ καθαιρεθῆναι πάλιν, ἐπειδὴ πάνθ᾽ εἵνεχ᾽ ἑαυτοῦ ποιῶν ἐξελήλεγκται. καιροῦ μὲν δή, ὦ ἄνδρες Ἀθηναῖοι, πρὸς τοῦτο πάρεστι Φιλίππῳ τὰ πράγματα· ἢ παρελθών τις ἐμοί, μᾶλλον δ᾽ ὑμῖν δειξάτω, ἢ ὡς οὐκ ἀληθῆ ταῦτ᾽ ἐγὼ λέγω, ἢ ὡς οἱ τὰ πρῶτ᾽ ἐξηπατημένοι τὰ λοιπὰ πιστεύσουσιν, ἢ ὡς οἱ παρὰ τὴν αὑτῶν ἀξίαν δεδουλωμένοι Θετταλοὶ νῦν οὐκ ἂν ἐλεύθεροι γένοιντ᾽ ἄσμενοι.

καὶ μὴν εἴ τις ὑμῶν ταῦτα μὲν οὕτως ἔχειν ἡγεῖται, οἴεται δὲ βίᾳ καθέξειν αὐτὸν τὰ πράγματα τῷ τὰ χωρία καὶ λιμένας καὶ τὰ τοιαῦτα προειληφέναι, οὐκ ὀρθῶς οἴεται. ὅταν μὲν γὰρ ὑπ᾽ εὐνοίας τὰ πράγματα συστῇ καὶ πᾶσι ταὐτὰ συμφέρῃ τοῖς μετέχουσι τοῦ πολέμου, καὶ συμπονεῖν καὶ φέρειν τὰς συμφορὰς καὶ μένειν ἐθέλουσιν ἄνθρωποι· ὅταν δ᾽ ἐκ πλεονεξίας καὶ πονηρίας τις ὥσπερ οὗτος ἰσχύσῃ, ἡ πρώτη πρόφασις καὶ μικρὸν πταῖσμα ἅπαντ᾽ ἀνεχαίτισε καὶ διέλυσεν.

οὐ γὰρ ἔστιν, οὐκ ἔστιν, ὦ ἄνδρες Ἀθηναῖοι, ἀδικοῦντα κἀπιορκοῦντα καὶ ψευδόμενον δύναμιν βεβαίαν κτήσασθαι, ἀλλὰ τὰ τοιαῦτ᾽ εἰς μὲν ἅπαξ καὶ βραχὺν χρόνον ἀντέχει, καὶ σφόδρα γ᾽ ἤνθησ᾽ ἐπὶ ταῖς ἐλπίσιν, ἂν τύχῃ, τῷ χρόνῳ δὲ φωρᾶται καὶ περὶ αὑτὰ καταρρεῖ.

ὥσπερ γὰρ οἰκίας, οἶμαι, καὶ πλοίου καὶ τῶν ἄλλων τῶν τοιούτων τὰ κάτωθεν ἰσχυρότατ᾽ εἶναι δεῖ, οὕτω καὶ τῶν πράξεων τὰς ἀρχὰς καὶ τὰς ὑποθέσεις ἀληθεῖς καὶ δικαίας εἶναι προσήκει. τοῦτο δ᾽ οὐκ ἔνι νῦν ἐν τοῖς πεπραγμένοις Φιλίππῳ.

φημὶ δὴ δεῖν ἡμᾶς τοῖς μὲν Ὀλυνθίοις βοηθεῖν, καὶ ὅπως τις λέγει κάλλιστα καὶ τάχιστα, οὕτως ἀρέσκει μοι· πρὸς δὲ Θετταλοὺς πρεσβείαν πέμπειν, ἣ τοὺς μὲν διδάξει ταῦτα, τοὺς δὲ παροξυνεῖ· καὶ γὰρ νῦν εἰσιν ἐψηφισμένοι Παγασὰς ἀπαιτεῖν καὶ περὶ Μαγνησίας λόγους ποιεῖσθαι.

σκοπεῖσθε μέντοι τοῦτ᾽, ὦ ἄνδρες Ἀθηναῖοι, ὅπως μὴ λόγους ἐροῦσιν μόνον οἱ παρ᾽ ἡμῶν πρέσβεις, ἀλλὰ καὶ ἔργον τι δεικνύειν ἕξουσιν ἐξεληλυθότων ὑμῶν ἀξίως τῆς πόλεως καὶ ὄντων ἐπὶ τοῖς πράγμασιν, ὡς ἅπας μὲν λόγος, ἂν ἀπῇ τὰ πράγματα, μάταιόν τι φαίνεται καὶ κενόν, μάλιστα δ᾽ ὁ παρὰ τῆς ἡμετέρας πόλεως· ὅσῳ γὰρ ἑτοιμόται᾽ αὐτῷ δοκοῦμεν χρῆσθαι, τοσούτῳ μᾶλλον ἀπιστοῦσι πάντες αὐτῷ.

πολλὴν δὴ τὴν μετάστασιν καὶ μεγάλην δεικτέον τὴν μεταβολήν, εἰσφέροντας, ἐξιόντας, ἅπαντα ποιοῦντας ἑτοίμως, εἴπερ τις ὑμῖν προσέξει τὸν νοῦν. κἂν ταῦτ᾽ ἐθελήσηθ᾽ ὡς προσήκει καὶ δὴ περαίνειν, οὐ μόνον, ὦ ἄνδρες Ἀθηναῖοι, τὰ συμμαχικὰ ἀσθενῶς καὶ ἀπίστως ἔχοντα φανήσεται Φιλίππῳ, ἀλλὰ καὶ τὰ τῆς οἰκείας ἀρχῆς καὶ δυνάμεως κακῶς ἔχοντ᾽ ἐξελεγχθήσεται.

ὅλως μὲν γὰρ ἡ Μακεδονικὴ δύναμις καὶ ἀρχὴ ἐν μὲν προσθήκῃ μερίς ἐστί τις οὐ μικρά, οἷον ὑπῆρξέ ποθ᾽ ὑμῖν ἐπὶ Τιμοθέου πρὸς Ὀλυνθίους· πάλιν αὖ πρὸς Ποτείδαιαν Ὀλυνθίοις ἐφάνη τι τοῦτο συναμφότερον· νυνὶ δὲ Θετταλοῖς νοσοῦσι καὶ τεταραγμένοις ἐπὶ τὴν τυραννικὴν οἰκίαν ἐβοήθησεν· καὶ ὅποι τις ἄν, οἶμαι, προσθῇ κἂν μικρὰν δύναμιν, πάντ᾽ ὠφελεῖ· αὐτὴ δὲ καθ᾽ αὑτὴν ἀσθενὴς καὶ πολλῶν κακῶν ἐστι μεστή.

καὶ γὰρ οὗτος ἅπασι τούτοις, οἷς ἄν τις μέγαν αὐτὸν ἡγήσαιτο, τοῖς πολέμοις καὶ ταῖς στρατείαις, ἔτ᾽ ἐπισφαλεστέραν ἢ ὑπῆρχε φύσει κατεσκεύακεν αὐτῷ. μὴ γὰρ οἴεσθ᾽, ὦ ἄνδρες Ἀθηναῖοι, τοῖς αὐτοῖς Φίλιππόν τε χαίρειν καὶ τοὺς ἀρχομένους, ἀλλ᾽ ὁ μὲν δόξης ἐπιθυμεῖ καὶ τοῦτ᾽ ἐζήλωκε, καὶ προῄρηται πράττων καὶ κινδυνεύων, ἂν συμβῇ τι, παθεῖν, τὴν τοῦ διαπράξασθαι ταῦθ᾽ ἃ μηδεὶς πώποτ᾽ ἄλλος Μακεδόνων βασιλεὺς δόξαν ἀντὶ τοῦ ζῆν ἀσφαλῶς ᾑρημένος

τοῖς δὲ τῆς μὲν φιλοτιμίας τῆς ἀπὸ τούτων οὐ μέτεστι, κοπτόμενοι δ᾽ ἀεὶ ταῖς στρατείαις ταύταις ταῖς ἄνω κάτω λυποῦνται καὶ συνεχῶς ταλαιπωροῦσιν, οὔτ᾽ ἐπὶ τοῖς ἔργοις οὔτ᾽ ἐπὶ τοῖς αὐτῶν ἰδίοις ἐώμενοι διατρίβειν, οὔθ᾽ ὅσ᾽ ἂν ποιήσωσιν οὕτως ὅπως ἂν δύνωνται, ταῦτ᾽ ἔχοντες διαθέσθαι κεκλειμένων τῶν ἐμπορίων τῶν ἐν τῇ χώρᾳ διὰ τὸν πόλεμον.

οἱ μὲν οὖν πολλοὶ Μακεδόνων πῶς ἔχουσι Φιλίππῳ, ἐκ τούτων ἄν τις σκέψαιτ᾽ οὐ χαλεπῶς· οἱ δὲ δὴ περὶ αὐτὸν ὄντες ξένοι καὶ πεζέταιροι δόξαν μὲν ἔχουσιν ὡς εἰσὶ θαυμαστοὶ καὶ συγκεκροτημένοι τὰ τοῦ πολέμου, ὡς δ᾽ ἐγὼ τῶν ἐν αὐτῇ τῇ χώρᾳ γεγενημένων τινὸς ἤκουον, ἀνδρὸς οὐδαμῶς οἵου τε ψεύδεσθαι, οὐδένων εἰσὶν βελτίους.

εἰ μὲν γάρ τις ἀνήρ ἐστιν ἐν αὐτοῖς οἷος ἔμπειρος πολέμου καὶ ἀγώνων, τούτους μὲν φιλοτιμίᾳ πάντας ἀπωθεῖν αὐτὸν ἔφη, βουλόμενον πάνθ᾽ αὑτοῦ δοκεῖν εἶναι τἄργα (πρὸς γὰρ αὖ τοῖς ἄλλοις καὶ τὴν φιλοτιμίαν ἀνυπέρβλητον εἶναι)· εἰ δέ τις σώφρων ἢ δίκαιος ἄλλως, τὴν καθ᾽ ἡμέραν ἀκρασίαν τοῦ βίου καὶ μέθην καὶ κορδακισμοὺς οὐ δυνάμενος φέρειν, παρεῶσθαι καὶ ἐν οὐδενὸς εἶναι μέρει τὸν τοιοῦτον.

λοιποὺς δὴ περὶ αὐτὸν εἶναι λῃστὰς καὶ κόλακας καὶ τοιούτους ἀνθρώπους οἵους μεθυσθέντας ὀρχεῖσθαι τοιαῦθ᾽ οἳ ἐγὼ νῦν ὀκνῶ πρὸς ὑμᾶς ὀνομάσαι. δῆλον δ᾽ ὅτι ταῦτ᾽ ἐστὶν ἀληθῆ· καὶ γὰρ οὓς ἐνθένδε πάντες ἀπήλαυνον ὡς πολὺ τῶν θαυματοποιῶν ἀσελγεστέρους ὄντας, Καλλίαν ἐκεῖνον τὸν δημόσιον καὶ τοιούτους ἀνθρώπους, μίμους γελοίων καὶ ποιητὰς αἰσχρῶν ᾀσμάτων, ὧν εἰς τοὺς συνόντας ποιοῦσιν εἵνεκα τοῦ γελασθῆναι, τούτους ἀγαπᾷ καὶ περὶ αὑτὸν ἔχει.

καίτοι ταῦτα, καὶ εἰ μικρά τις ἡγεῖται, μεγάλ᾽, ὦ ἄνδρες Ἀθηναῖοι, δείγματα τῆς ἐκείνου γνώμης καὶ κακοδαιμονίας ἐστὶ τοῖς εὖ φρονοῦσιν. ἀλλ᾽, οἶμαι, νῦν μὲν ἐπισκοτεῖ τούτοις τὸ κατορθοῦν· αἱ γὰρ εὐπραξίαι δειναὶ συγκρύψαι τὰ τοιαῦτ᾽ ὀνείδη· εἰ δέ τι πταίσει, τότ᾽ ἀκριβῶς αὐτοῦ ταῦτ᾽ ἐξετασθήσεται. δοκεῖ δ᾽ ἔμοιγ᾽, ὦ ἄνδρες Ἀθηναῖοι, δείξειν οὐκ εἰς μακράν, ἂν οἵ τε θεοὶ θέλωσι καὶ ὑμεῖς βούλησθε.

ὥσπερ γὰρ ἐν τοῖς σώμασιν, τέως μὲν ἂν ἐρρωμένος ᾖ τις, οὐδὲν ἐπαισθάνεται, ἐπὰν δ᾽ ἀρρώστημά τι συμβῇ, πάντα κινεῖται, κἂν ῥῆγμα κἂν στρέμμα κἂν ἄλλο τι τῶν ὑπαρχόντων σαθρὸν ᾖ, οὕτω καὶ τῶν πόλεων καὶ τῶν τυράννων, ἕως μὲν ἂν ἔξω πολεμῶσιν, ἀφανῆ τὰ κακὰ τοῖς πολλοῖς ἐστιν, ἐπειδὰν δ᾽ ὅμορος πόλεμος συμπλακῇ, πάντ᾽ ἐποίησεν ἔκδηλα.

εἰ δέ τις ὑμῶν, ὦ ἄνδρες Ἀθηναῖοι, τὸν Φίλιππον εὐτυχοῦνθ᾽ ὁρῶν ταύτῃ φοβερὸν προσπολεμῆσαι νομίζει, σώφρονος μὲν ἀνθρώπου λογισμῷ χρῆται· μεγάλη γὰρ ῥοπή, μᾶλλον δὲ τὸ ὅλον ἡ τύχη παρὰ πάντ᾽ ἐστὶ τὰ τῶν ἀνθρώπων πράγματα· οὐ μὴν ἀλλ᾽ ἔγωγε, εἴ τις αἵρεσίν μοι δοίη, τὴν τῆς ἡμετέρας πόλεως τύχην ἂν ἑλοίμην, ἐθελόντων ἃ προσήκει ποιεῖν ὑμῶν αὐτῶν καὶ κατὰ μικρόν, ἢ τὴν ἐκείνου· πολὺ γὰρ πλείους ἀφορμὰς εἰς τὸ τὴν παρὰ τῶν θεῶν εὔνοιαν ἔχειν ὁρῶ ὑμῖν ἐνούσας ἢ 'κείνῳ.

ἀλλ᾽, οἶμαι, καθήμεθ᾽ οὐδὲν ποιοῦντες· οὐκ ἔνι δ᾽

αὐτὸν ἀργοῦντ᾿ οὐδὲ τοῖς φίλοις ἐπιτάττειν ὑπὲρ αὑτοῦ τι ποιεῖν, μή τί γε δὴ τοῖς θεοῖς. οὐ δὴ θαυμαστόν ἐστιν, εἰ στρατευόμενος καὶ πονῶν ἐκεῖνος αὐτὸς καὶ παρὼν ἐφ᾿ ἅπασι καὶ μήτε καιρὸν μήθ᾿ ὥραν παραλείπων ἡμῶν μελλόντων καὶ ψηφιζομένων καὶ πυνθανομένων περιγίγνεται. οὐδὲ θαυμάζω τοῦτ᾿ ἐγώ· τοὐναντίον γὰρ ἂν ἦν θαυμαστόν, εἰ μηδὲν ποιοῦντες ἡμεῖς ὧν τοῖς πολεμοῦσι προσήκει τοῦ πάντα ποιοῦντος περιῆμεν.

ἀλλ᾿ ἐκεῖνο θαυμάζω, εἰ Λακεδαιμονίοις μέν ποτ᾿, ὦ ἄνδρες Ἀθηναῖοι, ὑπὲρ τῶν Ἑλληνικῶν δικαίων ἀντήρατε, καὶ πόλλ᾿ ἰδίᾳ πλεονεκτῆσαι πολλάκις ὑμῖν ἐξὸν οὐκ ἠθελήσατε, ἀλλ᾿ ἵν᾿ οἱ ἄλλοι τύχωσι τῶν δικαίων, τὰ ὑμέτερ᾿ αὐτῶν ἀνηλίσκετ᾿ εἰσφέροντες καὶ προυκινδυνεύετε στρατευόμενοι, νυνὶ δ᾿ ὀκνεῖτ᾿ ἐξιέναι καὶ μέλλετ᾿ εἰσφέρειν ὑπὲρ τῶν ὑμετέρων αὐτῶν κτημάτων, καὶ τοὺς μὲν ἄλλους σεσώκατε πολλάκις πάντας καὶ καθ᾿ ἕν᾿ αὐτῶν ἐν μέρει, τὰ δ᾿ ὑμέτερ᾿ αὐτῶν ἀπολωλεκότες κάθησθε.

ταῦτα θαυμάζω, κἄτι πρὸς τούτοις, εἰ μηδεὶς ὑμῶν, ὦ ἄνδρες Ἀθηναῖοι, δύναται λογίσασθαι πόσον πολεμεῖτε χρόνον Φιλίππῳ, καὶ τί ποιούντων ὑμῶν ὁ χρόνος διελήλυθεν οὗτος. ἴστε γὰρ δήπου τοῦθ᾿, ὅτι μελλόντων αὐτῶν, ἑτέρους τινὰς ἐλπιζόντων πράξειν, αἰτιωμένων ἀλλήλους, κρινόντων, πάλιν ἐλπιζόντων, σχεδὸν ταὔθ᾿ ἅπερ νυνὶ ποιούντων, ἅπας ὁ χρόνος διελήλυθεν.

εἶθ᾿ οὕτως ἀγνωμόνως ἔχετ᾿, ὦ ἄνδρες Ἀθηναῖοι, ὥστε δι᾿ ὧν ἐκ χρηστῶν φαῦλα τὰ πράγματα τῆς πόλεως γέγονεν, διὰ τούτων ἐλπίζετε τῶν αὐτῶν πράξεων ἐκ φαύλων αὐτὰ χρηστὰ γενήσεσθαι; ἀλλ᾿ οὔτ᾿ εὔλογον οὔτ᾿ ἔχον ἐστὶ φύσιν τοῦτό γε· πολὺ γὰρ ῥᾷον ἔχοντας φυλάττειν ἢ κτήσασθαι πάντα πέφυκεν. νῦν δ᾿ ὅ τι μὲν φυλάξομεν, οὐδέν ἐσθ᾿ ὑπὸ τοῦ πολέμου λοιπὸν τῶν πρότερον, κτήσασθαι δὲ δεῖ. αὐτῶν οὖν ἡμῶν ἔργον τοῦτ᾽ ἤδη.

φημὶ δὴ δεῖν εἰσφέρειν χρήματα, αὐτοὺς ἐξιέναι προθύμως, μηδέν᾽ αἰτιᾶσθαι πρὶν ἂν τῶν πραγμάτων κρατήσητε, τηνικαῦτα δ᾽ ἀπ᾽ αὐτῶν τῶν ἔργων κρίναντας τοὺς μὲν ἀξίους ἐπαίνου τιμᾶν, τοὺς δ᾽ ἀδικοῦντας κολάζειν, τὰς προφάσεις δ᾽ ἀφελεῖν καὶ τὰ καθ᾽ ὑμᾶς ἐλλείμματα· οὐ γὰρ ἔστι πικρῶς ἐξετάσαι τί πέπρακται τοῖς ἄλλοις, ἂν μὴ παρ᾽ ὑμῶν αὐτῶν πρῶτον ὑπάρξῃ τὰ δέοντα.

τίνος γὰρ εἵνεκ᾽, ὦ ἄνδρες Ἀθηναῖοι, νομίζετε τοῦτον μὲν φεύγειν τὸν πόλεμον πάντας ὅσους ἂν ἐκπέμψητε στρατηγούς, ἰδίους δ᾽ εὑρίσκειν πολέμους, εἰ δεῖ τι τῶν ὄντων καὶ περὶ τῶν στρατηγῶν εἰπεῖν; ὅτι ἐνταῦθα μέν ἐστι τἄθλ᾽ ὑπὲρ ὧν ἐστιν ὁ πόλεμος ὑμέτερα (Ἀμφίπολίς γ᾽ ἂν ληφθῇ, παραχρῆμ᾽ ὑμεῖς κομιεῖσθε), οἱ δὲ κίνδυνοι τῶν ἐφεστηκότων ἴδιοι, μισθὸς δ᾽ οὐκ ἔστιν· ἐκεῖ δὲ κίνδυνοι μὲν ἐλάττους, τὰ δὲ λήμματα τῶν ἐφεστηκότων καὶ τῶν στρατιωτῶν, Λάμψακος, Σίγειον, τὰ πλοῖ᾽ ἃ συλῶσιν. ἐπ᾽ οὖν τὸ λυσιτελοῦν αὑτοῖς ἕκαστοι χωροῦσιν.

ὑμεῖς δ᾽, ὅταν μὲν εἰς τὰ πράγματ᾽ ἀποβλέψητε φαύλως ἔχοντα, τοὺς ἐφεστηκότας κρίνετε, ὅταν δὲ δόντες λόγον τὰς ἀνάγκας ἀκούσητε ταύτας, ἀφίετε. περίεστι τοίνυν ὑμῖν ἀλλήλοις ἐρίζειν καὶ διεστάναι, τοῖς μὲν ταῦτα πεπεισμένοις, τοῖς δὲ ταῦτα, τὰ κοινὰ δ᾽ ἔχειν φαύλως. πρότερον μὲν γάρ, ὦ ἄνδρες Ἀθηναῖοι, κατὰ συμμορίας εἰσεφέρετε, νυνὶ δὲ πολιτεύεσθε κατὰ συμμορίας. ῥήτωρ ἡγεμὼν ἑκατέρων, καὶ στρατηγὸς ὑπὸ τούτῳ καὶ οἱ βοησόμενοι, οἱ τριακόσιοι· οἱ δ᾽ ἄλλοι προσνενέμησθε οἱ μὲν ὡς τούτους, οἱ δ᾽ ὡς ἐκείνους.

δεῖ δὴ ταῦτ᾽ ἐπανέντας καὶ ὑμῶν αὐτῶν ἔτι καὶ νῦν γενομένους κοινὸν καὶ τὸ βουλεύεσθαι καὶ τὸ λέγειν καὶ τὸ πράττειν ποιῆσαι. εἰ δὲ τοῖς μὲν ὥσπερ ἐκ τυραννίδος

ὑμῶν ἐπιτάττειν ἀποδώσετε, τοῖς δ᾽ ἀναγκάζεσθαι
τριηραρχεῖν, εἰσφέρειν, στρατεύεσθαι, τοῖς δὲ ψηφίζεσθαι
κατὰ τούτων μόνον, ἄλλο δὲ μηδ᾽ ὁτιοῦν συμπονεῖν, οὐχὶ
γενήσεται τῶν δεόντων ἡμῖν οὐδὲν ἐν καιρῷ· τὸ γὰρ
ἠδικημένον ἀεὶ μέρος ἐλλείψει, εἶθ᾽ ὑμῖν τούτους κολάζειν
ἀντὶ τῶν ἐχθρῶν ἐξέσται.

λέγω δὴ κεφάλαιον, πάντας εἰσφέρειν ἀφ᾽ ὅσων
ἕκαστος ἔχει τὸ ἴσον· πάντας ἐξιέναι κατὰ μέρος, ἕως ἂν
ἅπαντες στρατεύσησθε· πᾶσι τοῖς παριοῦσι λόγον διδόναι,
καὶ τὰ βέλτισθ᾽ ὧν ἂν ἀκούσηθ᾽ αἱρεῖσθαι, μὴ ἂν ὁ δεῖν᾽ ἢ
ὁ δεῖν᾽ εἴπη. κἂν ταῦτα ποιῆτε, οὐ τὸν εἰπόντα μόνον
παραχρῆμ᾽ ἐπαινέσεσθε, ἀλλὰ καὶ ὑμᾶς αὐτοὺς ὕστερον,
βέλτιον τῶν ὅλων πραγμάτων ὑμῖν ἐχόντων.

Ολυνθιακός Γ'

οὐχὶ ταὐτὰ παρίσταταί μοι γιγνώσκειν, ὦ ἄνδρες
Ἀθηναῖοι, ὅταν τ᾽ εἰς τὰ πράγματ᾽ ἀποβλέψω καὶ ὅταν
πρὸς τοὺς λόγους οὓς ἀκούω· τοὺς μὲν γὰρ λόγους περὶ
τοῦ τιμωρήσασθαι Φίλιππον ὁρῶ γιγνομένους, τὰ δὲ
πράγματ᾽ εἰς τοῦτο προήκοντα, ὥσθ᾽ ὅπως μὴ πεισόμεθ᾽
αὐτοὶ πρότερον κακῶς σκέψασθαι δέον. οὐδὲν οὖν ἄλλο
μοι δοκοῦσιν οἱ τὰ τοιαῦτα λέγοντες ἢ τὴν ὑπόθεσιν, περὶ
ἧς βουλεύεσθε, οὐχὶ τὴν οὖσαν παριστάντες ὑμῖν
ἁμαρτάνειν.

ἐγὼ δέ, ὅτι μέν ποτ᾽ ἐξῆν τῇ πόλει καὶ τὰ αὑτῆς ἔχειν
ἀσφαλῶς καὶ Φίλιππον τιμωρήσασθαι, καὶ μάλ᾽ ἀκριβῶς
οἶδα· ἐπ᾽ ἐμοῦ γάρ, οὐ πάλαι γέγονεν ταῦτ᾽ ἀμφότερα· νῦν
μέντοι πέπεισμαι τοῦθ᾽ ἱκανὸν προλαβεῖν ἡμῖν εἶναι τὴν
πρώτην, ὅπως τοὺς συμμάχους σώσομεν. ἐὰν γὰρ τοῦτο
βεβαίως ὑπάρξη, τότε καὶ περὶ τοῦ τίνα τιμωρήσεταί τις
καὶ ὃν τρόπον ἐξέσται σκοπεῖν· πρὶν δὲ τὴν ἀρχὴν ὀρθῶς
ὑποθέσθαι, μάταιον ἡγοῦμαι περὶ τῆς τελευτῆς ὁντινοῦν

ποιεῖσθαι λόγον.

ὁ μὲν οὖν παρὼν καιρός, εἴπερ ποτέ, πολλῆς φροντίδος καὶ βουλῆς δεῖται· ἐγὼ δ᾽ οὐχ ὅ τι χρὴ περὶ τῶν παρόντων συμβουλεῦσαι χαλεπώτατον ἡγοῦμαι, ἀλλ᾽ ἐκεῖν᾽ ἀπορῶ, τίνα χρὴ τρόπον, ὦ ἄνδρες Ἀθηναῖοι, πρὸς ὑμᾶς περὶ αὐτῶν εἰπεῖν. πέπεισμαι γὰρ ἐξ ὧν παρὼν καὶ ἀκούων σύνοιδα, τὰ πλείω τῶν πραγμάτων ἡμᾶς ἐκπεφευγέναι τῷ μὴ βούλεσθαι τὰ δέοντα ποιεῖν ἢ τῷ μὴ συνιέναι. ἀξιῶ δ᾽ ὑμᾶς, ἂν μετὰ παρρησίας ποιῶμαι τοὺς λόγους, ὑπομένειν, τοῦτο θεωροῦντας, εἰ τἀληθῆ λέγω, καὶ διὰ τοῦτο, ἵνα τὰ λοιπὰ βελτίω γένηται· ὁρᾶτε γὰρ ὡς ἐκ τοῦ πρὸς χάριν δημηγορεῖν ἐνίους εἰς πᾶν προελήλυθε μοχθηρίας τὰ παρόντα.

ἀναγκαῖον δ᾽ ὑπολαμβάνω μικρὰ τῶν γεγενημένων πρῶτον ὑμᾶς ὑπομνῆσαι. μέμνησθ᾽, ὦ ἄνδρες Ἀθηναῖοι, ὅτ᾽ ἀπηγγέλθη Φίλιππος ὑμῖν ἐν Θράκῃ τρίτον ἢ τέταρτον ἔτος τουτὶ Ἡραῖον τεῖχος πολιορκῶν. τότε τοίνυν μὴν μὲν ἦν μαιμακτηριών· πολλῶν δὲ λόγων καὶ θορύβου γιγνομένου παρ᾽ ὑμῖν ἐψηφίσασθε τετταράκοντα τριήρεις καθέλκειν καὶ τοὺς μέχρι πέντε καὶ τετταράκοντ᾽ ἐτῶν αὐτοὺς ἐμβαίνειν καὶ τάλανθ᾽ ἑξήκοντ᾽ εἰσφέρειν.

καὶ μετὰ ταῦτα διελθόντος τοῦ ἐνιαυτοῦ τούτου ἑκατομβαιών, μεταγειτνιών, βοηδρομιών· τούτου τοῦ μηνὸς μόγις μετὰ τὰ μυστήρια δέκα ναῦς ἀπεστείλατ᾽ ἔχοντα κενὰς Χαρίδημον καὶ πέντε τάλαντ᾽ ἀργυρίου. ὡς γὰρ ἠγγέλθη Φίλιππος ἀσθενῶν ἢ τεθνεώς (ἦλθε γὰρ ἀμφότερα), οὐκέτι καιρὸν οὐδένα τοῦ βοηθεῖν νομίσαντες ἀφεῖτ᾽, ὦ ἄνδρες Ἀθηναῖοι, τὸν ἀπόστολον. ἦν δ᾽ οὗτος ὁ καιρὸς αὐτός· εἰ γὰρ τότ᾽ ἐκεῖσ᾽ ἐβοηθήσαμεν, ὥσπερ ἐψηφισάμεθα, προθύμως, οὐκ ἂν ἠνώχλει νῦν ἡμῖν ὁ Φίλιππος σωθείς.

τὰ μὲν δὴ τότε πραχθέντ᾽ οὐκ ἂν ἄλλως ἔχοι· νῦν δ᾽ ἑτέρου πολέμου καιρὸς ἥκει τις, δι᾽ ὃν καὶ περὶ τούτων ἐμνήσθην, ἵνα μὴ ταὐτὰ πάθητε. τί δὴ χρησόμεθ᾽, ὦ ἄνδρες Ἀθηναῖοι, τούτῳ· εἰ γὰρ μὴ βοηθήσετε παντὶ σθένει κατὰ τὸ δυνατόν, θεάσασθ᾽ ὃν τρόπον ὑμεῖς ἐστρατηγηκότες πάντ᾽ ἔσεσθ᾽ ὑπὲρ Φιλίππου.

ὑπῆρχον Ὀλύνθιοι δύναμίν τινα κεκτημένοι, καὶ διέκειθ᾽ οὕτω τὰ πράγματα· οὔτε Φίλιππος ἐθάρρει τούτους οὔθ᾽ οὗτοι Φίλιππον. ἐπράξαμεν ἡμεῖς κἀκεῖνοι πρὸς ἡμᾶς εἰρήνην· ἦν τοῦθ᾽ ὥσπερ ἐμπόδισμά τι τῷ Φιλίππῳ καὶ δυσχερές, πόλιν μεγάλην ἐφορμεῖν τοῖς ἑαυτοῦ καιροῖς διηλλαγμένην πρὸς ἡμᾶς. ἐκπολεμῶσαι δεῖν ᾠόμεθα τοὺς ἀνθρώπους ἐκ παντὸς τρόπου, καὶ ὃ πάντες ἐθρύλουν, πέπρακται νυνὶ τοῦθ᾽ ὁπωσδήποτε.

τί οὖν ὑπόλοιπον, ὦ ἄνδρες Ἀθηναῖοι, πλὴν βοηθεῖν ἐρρωμένως καὶ προθύμως; ἐγὼ μὲν οὐχ ὁρῶ· χωρὶς γὰρ τῆς περιστάσης ἂν ἡμᾶς αἰσχύνης, εἰ καθυφείμεθά τι τῶν πραγμάτων, οὐδὲ τὸν φόβον, ὦ ἄνδρες Ἀθηναῖοι, μικρὸν ὁρῶ τὸν τῶν μετὰ ταῦτα, ἐχόντων μὲν ὡς ἔχουσι Θηβαίων ἡμῖν, ἀπειρηκότων δὲ χρήμασι Φωκέων, μηδενὸς δ᾽ ἐμποδὼν ὄντος Φιλίππῳ τὰ παρόντα καταστρεψαμένῳ πρὸς ταῦτ᾽ ἐπικλῖναι τὰ πράγματα.

ἀλλὰ μὴν εἴ τις ὑμῶν εἰς τοῦτ᾽ ἀναβάλλεται ποιήσειν τὰ δέοντα, ἰδεῖν ἐγγύθεν βούλεται τὰ δεινά, ἐξὸν ἀκούειν ἄλλοθι γιγνόμενα, καὶ βοηθοὺς ἑαυτῷ ζητεῖν, ἐξὸν νῦν ἑτέροις αὐτὸν βοηθεῖν· ὅτι γὰρ εἰς τοῦτο περιστήσεται τὰ πράγματα, ἐὰν τὰ παρόντα προώμεθα, σχεδὸν ἴσμεν ἅπαντες δήπου.

ἀλλ᾽ ὅτι μὲν δὴ δεῖ βοηθεῖν, εἴποι τις ἄν, πάντες ἐγνώκαμεν, καὶ βοηθήσομεν· τὸ δ᾽ ὅπως, τοῦτο λέγε. μὴ τοίνυν, ὦ ἄνδρες Ἀθηναῖοι, θαυμάσητε, ἂν παράδοξον εἴπω τι τοῖς πολλοῖς. νομοθέτας καθίσατε. ἐν δὲ τούτοις τοῖς νομοθέταις μὴ θῆσθε νόμον μηδένα (εἰσὶ γὰρ ὑμῖν ἱκανοί), ἀλλὰ τοὺς εἰς τὸ παρὸν βλάπτοντας ὑμᾶς λύσατε.

λέγω τοὺς περὶ τῶν θεωρικῶν, σαφῶς οὑτωσί, καὶ τοὺς

περὶ τῶν στρατευομένων ἐνίους, ὧν οἱ μὲν τὰ στρατιωτικὰ τοῖς οἴκοι μένουσι διανέμουσι θεωρικά, οἱ δὲ τοὺς ἀτακτοῦντας ἀθῴους καθιστᾶσιν, εἶτα καὶ τοὺς τὰ δέοντα ποιεῖν βουλομένους ἀθυμοτέρους ποιοῦσιν. ἐπειδὰν δὲ ταῦτα λύσητε καὶ τὴν τοῦ τὰ βέλτιστα λέγειν ὁδὸν παράσχητ᾽ ἀσφαλῆ, τηνικαῦτα τὸν γράψονθ᾽ ἃ πάντες ἴσθ᾽ ὅτι συμφέρει ζητεῖτε.

πρὶν δὲ ταῦτα πρᾶξαι, μὴ σκοπεῖτε τίς εἰπὼν τὰ βέλτισθ᾽ ὑπὲρ ὑμῶν ὑφ᾽ ὑμῶν ἀπολέσθαι βουλήσεται· οὐ γὰρ εὑρήσετε, ἄλλως τε καὶ τούτου μόνου περιγίγνεσθαι μέλλοντος, παθεῖν ἀδίκως τι κακὸν τὸν ταῦτ᾽ εἰπόντα καὶ γράψαντα, μηδὲν δ᾽ ὠφελῆσαι τὰ πράγματα, ἀλλὰ καὶ εἰς τὸ λοιπὸν μᾶλλον ἔτ᾽ ἢ νῦν τὸ τὰ βέλτιστα λέγειν φοβερώτερον ποιῆσαι. καὶ λύειν γ᾽, ὦ ἄνδρες Ἀθηναῖοι, τοὺς νόμους δεῖ τούτους τοὺς αὐτοὺς ἀξιοῦν οἵπερ καὶ τεθήκασιν·

οὐ γάρ ἐστι δίκαιον, τὴν μὲν χάριν, ἣ πᾶσαν ἔβλαπτε τὴν πόλιν, τοῖς τότε θεῖσιν ὑπάρχειν, τὴν δ᾽ ἀπέχθειαν, δι᾽ ἧς ἂν ἅπαντες ἄμεινον πράξαιμεν, τῷ νῦν τὰ βέλτιστ᾽ εἰπόντι ζημίαν γενέσθαι. πρὶν δὲ ταῦτ᾽ εὐτρεπίσαι, μηδαμῶς, ὦ ἄνδρες Ἀθηναῖοι, μηδέν᾽ ἀξιοῦτε τηλικοῦτον εἶναι παρ᾽ ὑμῖν ὥστε τοὺς νόμους τούτους παραβάντα μὴ δοῦναι δίκην, μηδ᾽ οὕτως ἀνόητον ὥστ᾽ εἰς προῦπτον κακὸν αὑτὸν ἐμβαλεῖν.

οὐ μὴν οὐδ᾽ ἐκεῖνό γ᾽ ὑμᾶς ἀγνοεῖν δεῖ, ὦ ἄνδρες Ἀθηναῖοι, ὅτι ψήφισμ᾽ οὐδενὸς ἄξιόν ἐστιν, ἂν μὴ προσγένηται τὸ ποιεῖν ἐθέλειν τά γε δόξαντα προθύμως ὑμᾶς. εἰ γὰρ αὐτάρκη τὰ ψηφίσματ᾽ ἦν ἢ ὑμᾶς ἀναγκάζειν ἃ προσήκει πράττειν ἢ περὶ ὧν γραφείη διαπράξασθαι, οὔτ᾽ ἂν ὑμεῖς πολλὰ ψηφιζόμενοι μικρά, μᾶλλον δ᾽ οὐδὲν ἐπράττετε τούτων, οὔτε Φίλιππος τοσοῦτον ὑβρίκει χρόνον· πάλαι γὰρ ἂν εἵνεκά γε ψηφισμάτων ἐδεδώκει δίκην.

ἀλλ᾽ οὐχ οὕτω ταῦτ᾽ ἔχει· τὸ γὰρ πράττειν τοῦ λέγειν καὶ χειροτονεῖν ὕστερον ὂν τῇ τάξει, πρότερον τῇ δυνάμει καὶ κρεῖττόν ἐστιν. τοῦτ᾽ οὖν δεῖ προσεῖναι, τὰ δ᾽ ἄλλ᾽ ὑπάρχει· καὶ γὰρ εἰπεῖν τὰ δέοντα παρ᾽ ὑμῖν εἰσιν, ὦ ἄνδρες Ἀθηναῖοι, δυνάμενοι, καὶ γνῶναι πάντων ὑμεῖς ὀξύτατοι τὰ ῥηθέντα, καὶ πρᾶξαι δὲ δυνήσεσθε νῦν, ἐὰν ὀρθῶς ποιῆτε.

τίνα γὰρ χρόνον ἢ τίνα καιρόν, ὦ ἄνδρες Ἀθηναῖοι, τοῦ παρόντος βελτίω ζητεῖτε; ἢ πόθ᾽ ἃ δεῖ πράξετ᾽, εἰ μὴ νῦν; οὐχ ἅπαντα μὲν ἡμῶν προείληφε τὰ χωρί᾽ ἄνθρωπος, εἰ δὲ καὶ ταύτης κύριος τῆς χώρας γενήσεται, πάντων αἴσχιστα πεισόμεθα; οὐχ οὕς, εἰ πολεμήσαιεν, ἑτοίμως σώσειν ὑπισχνούμεθα, οὗτοι νῦν πολεμοῦσιν;

οὐκ ἐχθρός; οὐκ ἔχων τὰ ἡμέτερα; οὐ βάρβαρος; οὐχ ὅ τι ἂν εἴποι τις; ἀλλὰ πρὸς θεῶν πάντ᾽ ἐάσαντες καὶ μόνον οὐχὶ συγκατασκευάσαντες αὐτῷ, τότε τοὺς αἰτίους οἵτινες τούτων ζητήσομεν; οὐ γὰρ αὐτοί γ᾽ αἴτιοι φήσομεν εἶναι, σαφῶς οἶδα τοῦτ᾽ ἐγώ. οὐδὲ γὰρ ἐν τοῖς τοῦ πολέμου κινδύνοις τῶν φυγόντων οὐδεὶς ἑαυτοῦ κατηγορεῖ, ἀλλὰ τοῦ στρατηγοῦ καὶ τῶν πλησίον καὶ πάντων μᾶλλον, ἥττηνται δ᾽ ὅμως διὰ πάντας τοὺς φυγόντας δήπου· μένειν γὰρ ἐξῆν τῷ κατηγοροῦντι τῶν ἄλλων, εἰ δὲ τοῦτ᾽ ἐποίει ἕκαστος, ἐνίκων ἄν.

καὶ νῦν, οὐ λέγει τις τὰ βέλτιστα· ἀναστὰς ἄλλος εἰπάτω, μὴ τοῦτον αἰτιάσθω. ἕτερος λέγει τις βελτίω· ταῦτα ποιεῖτ᾽ ἀγαθῇ τύχῃ. ἀλλ᾽ οὐχ ἡδέα ταῦτα· οὐκέτι τοῦθ᾽ ὁ λέγων ἀδικεῖ--πλὴν εἰ δέον εὔξασθαι παραλείπει. εὔξασθαι μὲν γάρ, ὦ ἄνδρες Ἀθηναῖοι, ῥᾴδιον, εἰς ταὐτὸ πάνθ᾽ ὅσα βούλεταί τις ἀθροίσαντ᾽ ἐν ὀλίγῳ· ἑλέσθαι δ᾽, ὅταν περὶ πραγμάτων προτεθῇ σκοπεῖν, οὐκέθ᾽ ὁμοίως εὔπορον, ἀλλὰ δεῖ τὰ βέλτιστ᾽ ἀντὶ τῶν ἡδέων, ἂν μὴ συναμφότερ᾽ ἐξῇ, λαμβάνειν.

εἰ δέ τις ἡμῖν ἔχει καὶ τὰ θεωρικὰ ἐᾶν καὶ πόρους

ἑτέρους λέγειν στρατιωτικούς, οὐχ οὗτος κρείττων; εἴποι τις ἄν. φήμ᾽ ἔγωγε, εἴπερ ἔστιν, ὦ ἄνδρες Ἀθηναῖοι· ἀλλὰ θαυμάζω εἴ τῳ ποτ᾽ ἀνθρώπων ἢ γέγονεν ἢ γενήσεται, ἂν τὰ παρόντ᾽ ἀναλώσῃ πρὸς ἃ μὴ δεῖ, τῶν ἀπόντων εὐπορῆσαι πρὸς ἃ δεῖ. ἀλλ᾽, οἶμαι, μέγα τοῖς τοιούτοις ὑπάρχει λόγοις ἡ παρ᾽ ἑκάστου βούλησις, διόπερ ῥᾷστον ἁπάντων ἐστὶν αὑτὸν ἐξαπατῆσαι· ὃ γὰρ βούλεται, τοῦθ᾽ ἕκαστος καὶ οἴεται, τὰ δὲ πράγματα πολλάκις οὐχ οὕτω πέφυκεν.

ὁρᾶτ᾽ οὖν, ὦ ἄνδρες Ἀθηναῖοι, ταῦθ᾽ οὕτως, ὅπως καὶ τὰ πράγματ᾽ ἐνδέχεται καὶ δυνήσεσθ᾽ ἐξιέναι καὶ μισθὸν ἕξετε. οὔ τοι σωφρόνων οὐδὲ γενναίων ἐστὶν ἀνθρώπων, ἐλλείποντάς τι δι᾽ ἔνδειαν χρημάτων τῶν τοῦ πολέμου εὐχερῶς τὰ τοιαῦτ᾽ ὀνείδη φέρειν, οὐδ᾽ ἐπὶ μὲν Κορινθίους καὶ Μεγαρέας ἁρπάσαντας τὰ ὅπλα πορεύεσθαι, Φίλιππον δ᾽ ἐᾶν πόλεις Ἑλληνίδας ἀνδραποδίζεσθαι δι᾽ ἀπορίαν ἐφοδίων τοῖς στρατευομένοις.

καὶ ταῦτ᾽ οὐχ ἵν᾽ ἀπέχθωμαί τισιν ὑμῶν, τὴν ἄλλως προῄρημαι λέγειν· οὐ γὰρ οὕτως ἄφρων οὐδ᾽ ἀτυχής εἰμ᾽ ἐγὼ ὥστ᾽ ἀπεχθάνεσθαι βούλεσθαι μηδὲν ὠφελεῖν νομίζων· ἀλλὰ δικαίου πολίτου κρίνω τὴν τῶν πραγμάτων σωτηρίαν ἀντὶ τῆς ἐν τῷ λέγειν χάριτος αἱρεῖσθαι. καὶ γὰρ τοὺς ἐπὶ τῶν προγόνων ἡμῶν λέγοντας ἀκούω, ὥσπερ ἴσως καὶ ὑμεῖς, οὓς ἐπαινοῦσι μὲν οἱ παριόντες ἅπαντες, μιμοῦνται δ᾽ οὐ πάνυ, τούτῳ τῷ ἔθει καὶ τῷ τρόπῳ τῆς πολιτείας χρῆσθαι, τὸν Ἀριστείδην ἐκεῖνον, τὸν Νικίαν, τὸν ὁμώνυμον ἐμαυτῷ, τὸν Περικλέα.

ἐξ οὗ δ᾽ οἱ διερωτῶντες ὑμᾶς οὗτοι πεφήνασι ῥήτορες 'τί βούλεσθε; τί γράψω; τί ὑμῖν χαρίσωμαι;' προπέποται τῆς παραυτίκα χάριτος τὰ τῆς πόλεως πράγματα, καὶ τοιαυτὶ συμβαίνει, καὶ τὰ μὲν τούτων πάντα καλῶς ἔχει, τὰ δ᾽ ὑμέτερ᾽ αἰσχρῶς.

καίτοι σκέψασθ᾽, ὦ ἄνδρες Ἀθηναῖοι, ἅ τις ἂν κεφάλαι᾽

εἰπεῖν ἔχοι τῶν τ᾽ ἐπὶ τῶν προγόνων ἔργων καὶ τῶν ἐφ᾽ ὑμῶν. ἔσται δὲ βραχὺς καὶ γνώριμος ὑμῖν ὁ λόγος· οὐ γὰρ ἀλλοτρίοις ὑμῖν χρωμένοις παραδείγμασιν, ἀλλ᾽ οἰκείοις, ὦ ἄνδρες Ἀθηναῖοι, εὐδαίμοσιν ἔξεστι γενέσθαι.

ἐκεῖνοι τοίνυν, οἷς οὐκ ἐχαρίζονθ᾽ οἱ λέγοντες οὐδ᾽ ἐφίλουν αὐτοὺς ὥσπερ ὑμᾶς οὗτοι νῦν, πέντε μὲν καὶ τετταράκοντ᾽ ἔτη τῶν Ἑλλήνων ἦρξαν ἑκόντων, πλείω δ᾽ ἢ μύρια τάλαντ᾽ εἰς τὴν ἀκρόπολιν ἀνήγαγον, ὑπήκουε δ᾽ ὁ ταύτην τὴν χώραν ἔχων αὐτοῖς βασιλεύς, ὥσπερ ἐστὶ προσῆκον βάρβαρον Ἕλλησι, πολλὰ δὲ καὶ καλὰ καὶ πεζῇ καὶ ναυμαχοῦντες ἔστησαν τρόπαι᾽ αὐτοὶ στρατευόμενοι, μόνοι δ᾽ ἀνθρώπων κρείττω τὴν ἐπὶ τοῖς ἔργοις δόξαν τῶν φθονούντων κατέλιπον.

ἐπὶ μὲν δὴ τῶν Ἑλληνικῶν ἦσαν τοιοῦτοι· ἐν δὲ τοῖς κατὰ τὴν πόλιν αὐτὴν θεάσασθ᾽ ὁποῖοι, ἔν τε τοῖς κοινοῖς κἂν τοῖς ἰδίοις. δημοσίᾳ μὲν τοίνυν οἰκοδομήματα καὶ κάλλη τοιαῦτα καὶ τοσαῦτα κατεσκεύασαν ἡμῖν ἱερῶν καὶ τῶν ἐν τούτοις ἀναθημάτων, ὥστε μηδενὶ τῶν ἐπιγιγνομένων ὑπερβολὴν λελεῖφθαι· ἰδίᾳ δ᾽ οὕτω σώφρονες ἦσαν καὶ σφόδρ᾽ ἐν τῷ τῆς πολιτείας ἤθει μένοντες,

ὥστε τὴν Ἀριστείδου καὶ τὴν Μιλτιάδου καὶ τῶν τότε λαμπρῶν οἰκίαν εἴ τις ἄρ᾽ οἶδεν ὑμῶν ὁποία ποτ᾽ ἐστίν, ὁρᾷ τῆς τοῦ γείτονος οὐδὲν σεμνοτέραν οὖσαν· οὐ γὰρ εἰς περιουσίαν ἐπράττετ᾽ αὐτοῖς τὰ τῆς πόλεως, ἀλλὰ τὸ κοινὸν αὔξειν ἕκαστος ᾤετο δεῖν. ἐκ δὲ τοῦ τὰ μὲν Ἑλληνικὰ πιστῶς, τὰ δὲ πρὸς τοὺς θεοὺς εὐσεβῶς, τὰ δ᾽ ἐν αὑτοῖς ἴσως διοικεῖν μεγάλην εἰκότως ἐκτήσαντ᾽ εὐδαιμονίαν.

τότε μὲν δὴ τοῦτον τὸν τρόπον εἶχε τὰ πράγματ᾽ ἐκείνοις, χρωμένοις οἷς εἶπον προστάταις· νυνὶ δὲ πῶς ἡμῖν ὑπὸ τῶν χρηστῶν τούτων τὰ πράγματ᾽ ἔχει; ἆρά γ᾽ ὁμοίως ἢ παραπλησίως; οἷς --τὰ μὲν ἄλλα σιωπῶ, πόλλ᾽

ἂν ἔχων εἰπεῖν, ἀλλ᾽ ὅσης ἅπαντες ὁρᾶτ᾽ ἐρημίας
ἐπειλημμένοι, καὶ Λακεδαιμονίων μὲν ἀπολωλότων,
Θηβαίων δ᾽ ἀσχόλων ὄντων, τῶν δ᾽ ἄλλων οὐδενὸς ὄντος
ἀξιόχρεω περὶ τῶν πρωτείων ἡμῖν ἀντιτάξασθαι, ἐξὸν δ᾽
ἡμῖν καὶ τὰ ἡμέτερ᾽ αὐτῶν ἀσφαλῶς ἔχειν καὶ τὰ τῶν
ἄλλων δίκαια βραβεύειν,
ἀπεστερήμεθα μὲν χώρας οἰκείας, πλείω δ᾽ ἢ χίλια καὶ
πεντακόσια τάλαντ᾽ ἀνηλώκαμεν εἰς οὐδὲν δέον, οὓς δ᾽ ἐν
τῷ πολέμῳ συμμάχους ἐκτησάμεθα, εἰρήνης οὔσης
ἀπολωλέκασιν οὗτοι, ἐχθρὸν δ᾽ ἐφ᾽ ἡμᾶς αὐτοὺς
τηλικοῦτον ἠσκήκαμεν. ἢ φρασάτω τις ἐμοὶ παρελθών,
πόθεν ἄλλοθεν ἰσχυρὸς γέγονεν ἢ παρ᾽ ἡμῶν αὐτῶν
Φίλιππος.
ἀλλ᾽, ὦ τᾶν, εἰ ταῦτα φαύλως, τά γ᾽ ἐν αὐτῇ τῇ πόλει
νῦν ἄμεινον ἔχει. καὶ τί ἂν εἰπεῖν τις ἔχοι; τὰς ἐπάλξεις ἃς
κονιῶμεν, καὶ τὰς ὁδοὺς ἃς ἐπισκευάζομεν, καὶ κρήνας,
καὶ λήρους; ἀποβλέψατε δὴ πρὸς τοὺς ταῦτα
πολιτευομένους, ὧν οἱ μὲν ἐκ πτωχῶν πλούσιοι
γεγόνασιν, οἱ δ᾽ ἐξ ἀδόξων ἔντιμοι, ἔνιοι δὲ τὰς ἰδίας
οἰκίας τῶν δημοσίων οἰκοδομημάτων σεμνοτέρας εἰσὶ
κατεσκευασμένοι, ὅσῳ δὲ τὰ τῆς πόλεως ἐλάττω γέγονεν,
τοσούτῳ τὰ τούτων ηὔξηται.
τί δὴ τὸ πάντων αἴτιον τούτων, καὶ τί δή ποθ᾽ ἅπαντ᾽
εἶχε καλῶς τότε, καὶ νῦν οὐκ ὀρθῶς; ὅτι τότε μὲν πράττειν
καὶ στρατεύεσθαι τολμῶν αὐτὸς ὁ δῆμος δεσπότης τῶν
πολιτευομένων ἦν καὶ κύριος αὐτὸς ἁπάντων τῶν
ἀγαθῶν, καὶ ἀγαπητὸν ἦν παρὰ τοῦ δήμου τῶν ἄλλων
ἑκάστῳ καὶ τιμῆς καὶ ἀρχῆς καὶ ἀγαθοῦ τινος μεταλαβεῖν·
νῦν δὲ τοὐναντίον κύριοι μὲν οἱ πολιτευόμενοι τῶν
ἀγαθῶν, καὶ διὰ τούτων ἅπαντα πράττεται, ὑμεῖς δ᾽ ὁ
δῆμος, ἐκνενευρισμένοι καὶ περιῃρημένοι χρήματα,
συμμάχους, ἐν ὑπηρέτου καὶ προσθήκης μέρει γεγένησθε,
ἀγαπῶντες ἐὰν μεταδιδῶσι θεωρικῶν ὑμῖν ἢ Βοηδρόμια

πέμψωσιν οὗτοι, καὶ τὸ πάντων ἀνδρειότατον, τῶν ὑμετέρων αὐτῶν χάριν προσοφείλετε. οἱ δ᾽ ἐν αὐτῇ τῇ πόλει καθείρξαντες ὑμᾶς ἐπάγους᾽ ἐπὶ ταῦτα καὶ τιθασεύουσι χειροήθεις αὐτοῖς ποιοῦντες.

ἔστι δ᾽ οὐδέποτ᾽, οἶμαι, μέγα καὶ νεανικὸν φρόνημα λαβεῖν μικρὰ καὶ φαῦλα πράττοντας· ὁποῖ᾽ ἄττα γὰρ ἂν τἀπιτηδεύματα τῶν ἀνθρώπων ᾖ, τοιοῦτον ἀνάγκη καὶ τὸ φρόνημ᾽ ἔχειν. ταῦτα μὰ τὴν Δήμητρ᾽ οὐκ ἂν θαυμάσαιμ᾽ εἰ μείζων εἰπόντι ἐμοὶ γένοιτο παρ᾽ ὑμῶν βλάβη τῶν πεποιηκότων αὐτὰ γενέσθαι· οὐδὲ γὰρ παῤῥησία περὶ πάντων ἀεὶ παρ᾽ ὑμῖν ἐστιν, ἀλλ᾽ ἔγωγ᾽ ὅτι καὶ νῦν γέγονεν θαυμάζω.

ἐὰν οὖν ἀλλὰ νῦν γ᾽ ἔτι ἀπαλλαγέντες τούτων τῶν ἐθῶν ἐθελήσητε στρατεύεσθαί τε καὶ πράττειν ἀξίως ὑμῶν αὐτῶν, καὶ ταῖς περιουσίαις ταῖς οἴκοι ταύταις ἀφορμαῖς ἐπὶ τὰ ἔξω τῶν ἀγαθῶν χρῆσθαι, ἴσως ἄν, ἴσως, ὦ ἄνδρες Ἀθηναῖοι, τέλειόν τι καὶ μέγα κτήσαισθ᾽ ἀγαθὸν καὶ τῶν τοιούτων λημμάτων ἀπαλλαγείητε, ἃ τοῖς ἀσθενοῦσι παρὰ τῶν ἰατρῶν σιτίοις διδομένοις ἔοικε. καὶ γὰρ ἐκεῖν᾽ οὔτ᾽ ἰσχὺν ἐντίθησιν οὔτ᾽ ἀποθνήσκειν ἐᾷ· καὶ ταῦθ᾽ ἃ νέμεσθε νῦν ὑμεῖς, οὔτε τοσαῦτ᾽ ἐστὶν ὥστ᾽ ὠφέλειαν ἔχειν τινὰ διαρκῆ, οὔτ᾽ ἀπογνόντας ἄλλο τι πράττειν ἐᾷ, ἀλλ᾽ ἔστι ταῦτα τὴν ἑκάστου ῥαθυμίαν ὑμῶν ἐπαυξάνοντα.

οὐκοῦν σὺ μισθοφορὰν λέγεις; φήσει τις. καὶ παραχρῆμά γε τὴν αὐτὴν σύνταξιν ἁπάντων, ὦ ἄνδρες Ἀθηναῖοι, ἵνα τῶν κοινῶν ἕκαστος τὸ μέρος λαμβάνων, ὅτου δέοιθ᾽ ἡ πόλις, τοῦθ᾽ ὑπάρχοι. ἔξεστιν ἄγειν ἡσυχίαν· οἴκοι μένων βελτίων, τοῦ δι᾽ ἔνδειαν ἀνάγκη τι ποιεῖν αἰσχρὸν ἀπηλλαγμένος. συμβαίνει τι τοιοῦτον οἷον καὶ τὰ νῦν· στρατιώτης αὐτὸς ὑπάρχων ἀπὸ τῶν αὐτῶν τούτων λημμάτων, ὥσπερ ἐστὶ δίκαιον ὑπὲρ τῆς πατρίδος. ἔστι τις ἔξω τῆς ἡλικίας ὑμῶν· ὅσ᾽ οὗτος ἀτάκτως νῦν λαμβάνων οὐκ ὠφελεῖ, ταῦτ᾽ ἐν ἴσῃ τάξει λαμβάνων πάντ᾽ ἐφορῶν καὶ διοικῶν ἃ χρὴ πράττεσθαι.

ὅλως δ᾽ οὔτ᾽ ἀφελὼν οὔτε προσθείς, πλὴν μικρῶν, τὴν ἀταξίαν ἀνελὼν εἰς τάξιν ἤγαγον τὴν πόλιν, τὴν αὐτὴν τοῦ λαβεῖν, τοῦ στρατεύεσθαι, τοῦ δικάζειν, τοῦ ποιεῖν τοῦθ᾽ ὅ τι καθ᾽ ἡλικίαν ἕκαστος ἔχοι καὶ ὅτου καιρὸς εἴη, τάξιν ποιήσας. οὐκ ἔστιν ὅπου μηδὲν ἐγὼ ποιοῦσι τὰ τῶν ποιούντων εἶπον ὡς δεῖ νέμειν, οὐδ᾽ αὐτοὺς μὲν ἀργεῖν καὶ σχολάζειν καὶ ἀπορεῖν, ὅτι δ᾽ οἱ τοῦ δεῖνος νικῶσι ξένοι, ταῦτα πυνθάνεσθαι· ταῦτα γὰρ νυνὶ γίγνεται.

Also Available from JiaHu Books

Πολιτεία – 9781909669482

The Early Dialogues – Apology to Lysis – 9781909669888

Ιλιάς - 9781909669222

Οδύσσεια - 9781909669260

Άνάβασις - 9781909669321

Μήδεια – Βάκχαι – 9781909669765

Νεφέλαι – Λυσιστράτη – 9781909669956

Ιστορίαι – 9781909669710

Phaedra et Oedipus -Seneca

De rerum natura – Lucretius

Metamorphoses – Ovid (Latin)

Satyricon - Gaius Petronius Arbiter (Latin)

Metamorphoses – Asinus Aureus (Latin)

Plays of Terence (Latin)

Plays of Plautus (Latin)

Complete Works of Pliny the Younger (Latin)

Philippicae (Latin)

Egils Saga (Old Norse)

Egils Saga (Icelandic)

Brennu-Njáls saga (Icelandic)

Laxdæla Saga (Icelandic)

अभीज्ञानशाकु न्ताकम्- Recognition of Sakuntala (Sanskrit) –
9781909669192

易經 – 9781909669383

春秋左氏傳 - 9781909669390

尚書 – 9781909669635

6132409R00048

Printed in Great Britain
by Amazon.co.uk, Ltd.,
Marston Gate.